諾貝爾桂冠的魅力

國共爭用楊振寧真相

中共重視的諾貝爾獎得主暨專精學者

1984年9月鄧小平歡迎袁家騮、吳健雄夫婦（右）

諾貝爾獎得主：李遠哲（左一）、李政道（左二）、丁肇中（右三）、楊振寧（右一）專精學者：袁家騮教授（右二、已往生）其妻吳健雄博士（左三、曾參與美國研製第一顆原子彈、已往生）

攝於1933年長城抗戰後。前排左起：黃杰、徐庭瑤、杜聿明；後排左起：鄭家樹、鄭洞國、邱清泉

1944年冬遠征緬甸抗戰中、杜聿明在嘉獎大會上

左起：十二兵團中將副司令官胡璉、第七兵團中將司令官黃百韜、徐州剿總上將總司令劉峙

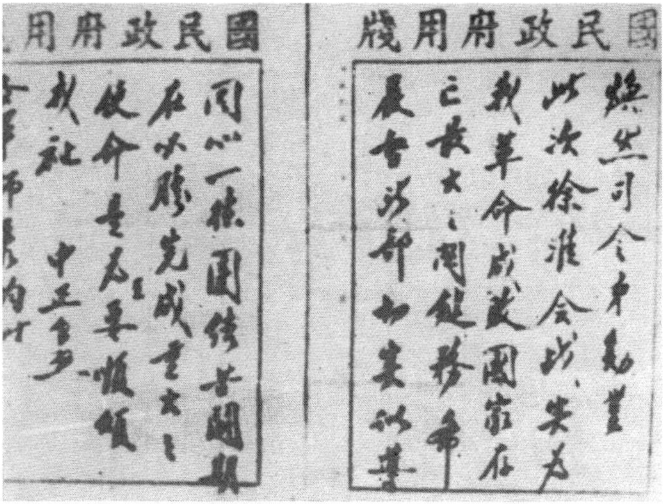

國民政府用牋

煥然司令弟勛鑒
此次徐淮會戰 實為
我革命成敗國家存
亡最大之關鍵 務希

國民政府用

同心一德 團結奮鬭
存以勝 完成重大之
使命 是為至要 順頌
戎祉 中正手啟

蔣介石給黃百韜的親筆信

周恩來1960年10月19日與黃埔軍校師生攝於北京頤和園介壽堂前：前排左起：李奇中、周恩來、陳賡、邵力子、張治中、鄭洞國。中排左起：黃雍、唐生明、覃異之、候鏡如、杜聿明、周振強。後排左起：王耀武、楊伯濤、鄭庭笈、周嘉彬、宋希濂。

1960年周恩來特別接見第一批特赦留京的國民黨將領，左起：鄭庭笈、宋希濂、周恩來、周振強、楊伯濤、杜聿明、王耀武。

1962年杜聿明（中）會晤傅儀（右）與覃異之。

1965年8月杜聿明（右一）與妻曹清秀（左一）和李宗仁（右二）、郭德洁（左二）夫婦聚會

1957年杜聿明（前）、王耀武（後）在北京北郊戰犯管理所參加勞動。

1981年3月18日鄭洞國（左）到北京協和醫院看望杜聿明。

1972年7月杜聿明與妻曹清秀在北京寓所會晤獲諾貝爾獎女婿楊振寧博士（中）

1979年1月鄧小平接見諾貝爾獎得主楊振寧博士與其妻杜致禮（杜聿明之女）

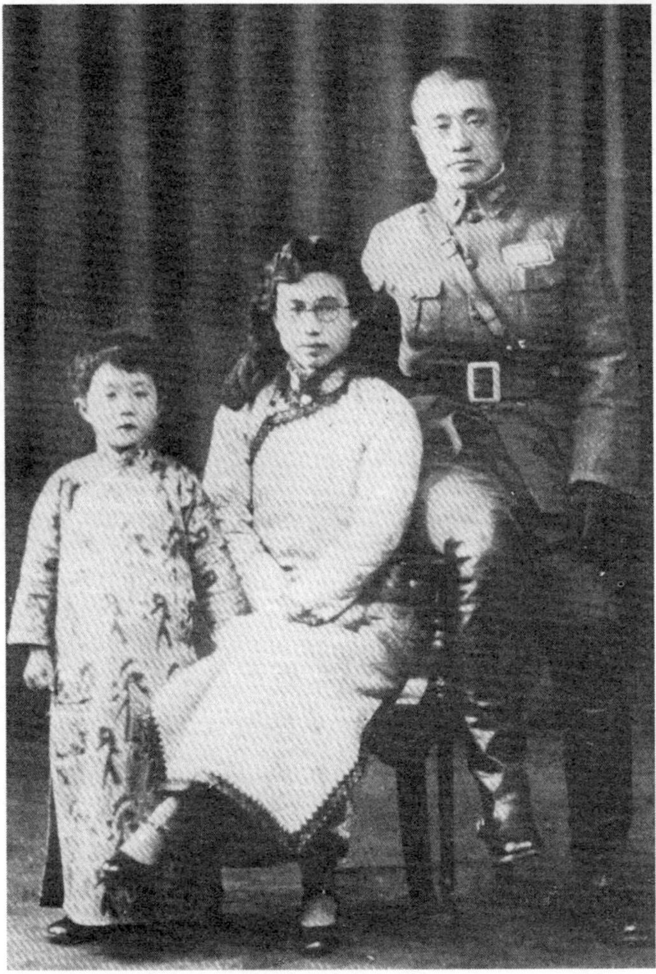

1932年杜聿明（右）與妻曹清秀（中）、女兒杜致禮（楊振寧博士太太）

（圖片來源：吳健雄學術基金會、中國文史出版社）

前言

諾貝爾獎，是異常誘人的，也是研究學術者「夢寐以求」的。因為，如果一旦擁有它，不但身價百倍，前途更是光芒四射！

李遠哲博士擁有了諾貝爾獎後，不但登上國內學術界最高的中央研究院長位子，同時代表國家參加亞太經合會非正式領袖會議，中共默允歡迎。

另一位獲得諾貝爾獎的楊振寧博士，不但贏得世界的重視和矚目，而且他的光芒，使得中共特准李遠哲博士重新進入大陸，同時更庇護了他的岳父杜聿明將軍生命！

作者在書中，對杜聿明將軍一生傳奇的際遇和轉折，著墨甚多，主要凸顯中共籠絡諾貝爾獎得獎人的手腕，既耐心又長遠。因為，兩次自殺未成而被俘的杜聿明將軍，曾被中共宣布為國民黨四十二名戰犯之一，等如宣判了死刑，結果，中共不但未執行，還特別以禮相待而重用了杜聿明，這種轉變，其中因素雖多，但最關鍵仍是希望博取杜聿明的女婿而獲得諾貝爾獎的楊振寧博士好感，進而能為「祖國」效勞。

最後，作者有一絲期盼，希望這本書能給讀者一點借鏡和警惕！

目次

第一章　中共禮遇「諾貝爾獎」的學者

十年窗下無人問、一舉成名天下知。

上面民間流傳的俗話，雖然是古代科舉考試鼓勵學子之言，但是，時至廿一世紀的今天，這句話依然適用，因為，凡是獲得「諾貝爾獎」的學者，不但學有專精，而且真是「一舉成名天下知」，所以，世界各國對這些學者特別重視禮遇，中共對「諾貝爾獎」的學者，更為積極籠絡。

一、北京清華大學慶賀楊振寧八十誕辰

二〇〇二年八月，為獲得諾貝爾物理獎的楊振寧八十歲生日，北京清華大學特別提前於同

年六月十七至十九日替他舉辦「前沿科學國際研討會」，邀請與他有淵源的世界各地傑出科學家為他祝壽，而且中共還特准曾列為「拒絕往來戶」的中央研究院院長李遠哲由台灣順利到北京參加。

楊振寧博士為安徽人，係中國物理學家趙忠堯得意門生，一九五七年獲得諾貝爾物理獎，成為國際著名的華裔傑出學者，不但受到中共的重視，更庇護了被中共列為「戰犯」的岳父杜聿明將軍晚年歲月。

二次大戰後，德國的原子科學家海森柏格成了美國的俘虜，在美國佔領的西德繼續研究工作，眼看自己國破，內心極為痛苦，楊振寧博士曾有專文推崇海森柏格在物理學方面的成就，同時亦探討他在亡國後成為美國階下囚的內心世界，讚揚他為一愛國者。

楊振寧博士這篇專文，多少反映了他不能為自己國家貢獻，而不得不為美國效命的無奈！因此，更引起中共的關注，進而積極邀其到中國大陸探親、講學。

就在美國與中共建交前後階段，楊振寧博士始突破阻力而於一九七一年及一九七二年夏季，先後兩次回大陸探親講學，均受到隆重的禮遇。

當時的中共總理周恩來親自接見，歡談至深夜。在楊振寧博士稱岳母曹秀清為媽媽、杜聿明將軍為先生時，在旁的周恩來還詼諧地糾正道：「應稱岳父大人」。

周恩來並關心詢問楊振寧博士工作情形，以及他父親楊武之教授的健康狀況。楊振寧博士回答，其父患有嚴重糖尿病、高血壓和心臟病，曾兩次發生休克，幸經醫護人員搶救得宜，始能和父親相見團聚。

一九七三年暑假，楊振寧攜眷第三次回大陸探親講學，並與岳父杜聿明將軍一家團聚。同年七月十七日下午，楊振寧博士接到通知，中共主席毛澤東要接見。兩人晤面時，還合照了一張相片，這張照片，後來一直掛在杜聿明將軍家中客廳裡。而且，毛澤東並面囑楊振寧博士代問他的岳父杜聿明將軍好。

中共總理周恩來也在北京人民大會堂安徽廳設宴，招待楊振寧博士和杜聿明將軍夫婦。楊振寧博士的太太杜致禮在席間向周恩來以玩笑口吻道：你們還是重男輕女，楊振寧是安徽人，宴席就設在安徽廳，可是，我是陝西人呀！

博得周恩來哈哈大笑。

後來，楊振寧博士回到美國，促進美國和中共之間的合作，努力不懈，使得中共領導人對他另眼相看。

一九七九年，當時的中共副主席鄧小平訪問美國，楊振寧博士因係美籍華人協會會長，主辦了一次華裔盛大的歡迎會，藉以向鄧小平致敬，並保證要繼續為建設中國四個現代化而努力。

鄧小平在美國受到如此盛大歡迎，對楊振寧博士夫婦留下深刻印象，並主動要求合影留念。因此，楊振寧博士在中共的高層心目中，一直是籠絡的對象，而且，被俘後而在「學習」中的楊振寧博士岳父杜聿明將軍生活，更受到中共「妥善照顧」。

楊振寧博士為報答中共的「禮遇」，同時有感迄今諾貝爾獎尚無中國籍得主，而且認為中國人在數學、物理方面有巨大潛力，絕不弱於外國人，因此，決心在有生之年，為中國培養幾個在基礎科學上有傑出貢獻的年輕人。

在楊振寧博士多方策劃下，一九九七年與北京清華大學校長王大中共同創辦了「高等研究中心」，作為高等研究中心和培養高水準基礎科學研究人才的超級「資優班」。

二〇〇二年，楊振寧博士嚴格選出五名特優學生進入「高等研究中心」，其中一人被獲得諾貝爾獎楊振寧親自傳授學問，期望為中國培養「諾貝爾獎」得主。

二、中共特准李遠哲再度進入大陸

李遠哲係一九八六年諾貝爾化學獎得獎人，由於出生於台灣新竹，父親李澤藩為知名畫家，同時對化學動力學、動態學、雷射化學等物理化學，有卓越成就，因而受到世界所重視，也博得中共的關注。

一九七四年以後，李遠哲博士在美國柏克萊加州大學化學系任教授，同時擔任勞倫斯·柏克萊實驗室高級主任研究員。一九七九年當選美國國家科學院院士。一九八〇年當選為中華民國中央研究院院士。

李遠哲博士將分子束方法不斷加以改進創新，用於研究較大分子的重要反應。他所設計的「分子束碰撞器」和「離子束碰撞器」，已能深入了解各種化學反應的每一個階段過程，使人們在分子水平上研究化學反應的每一個階段過程、以及出現的各種狀態，為人工控制化學反應的方向和過程提供新的前景。

李遠哲博士雖然忙於科研和教學，但仍積極投入社會服務，參與國際學術團體、美國聯邦政府、加州州政府、加州大學的多項委員會諮詢工作。同時奔波海峽兩岸，主持學術講習，參加學術會議，尤其對中央研究院原子分子研究所的籌建，注入大量心血。

一九九四年，李遠哲博士毅然結束三十二年旅居美國的教研工作，並放棄美國國籍，回到故鄉台灣接受中央研究院院長之重擔，全力投入推動國內科研的發展，同時奔波兩岸參加學術活動，博得大陸的重視與歡迎。

二〇〇〇年台灣總統選舉時，由於李遠哲當時大力支持民進黨的候選人陳水扁。陳水扁當選後，李遠哲又擔任超黨派小組的召集人，由於中共認為阿扁總統有「台獨」色彩，因此，李遠哲博士也被中共列入「拒絕往來戶」，所以，於一九九八年參加北京大學校慶活動後，迄今四年多未能再行進入大陸。

二〇〇二年六月，北京清華大學為「諾貝爾獎」楊振寧八十大壽而舉辦的「前沿科學國際研討會」，除了邀請中外十四位諾貝爾獎得主外，並特別准許四年未能進入大陸的李遠哲再度到北京參與活動，充分顯示中共對諾貝爾獎得主，重視程度依然如昔。

中共再度准許李遠哲博士進入大陸，美國華盛頓郵報曾指出，李遠哲能訪問北京，即傳達了中共所釋出的「有意義的姿態」，有其政治含意。

而且，李遠哲參加楊振寧八十生日學術研討會返回台灣接受記者訪問時表示，相隔四年重訪北京，大陸的變化很大，尤其是在科學教育上投入大筆的經費，貫徹「科技興邦」口號，是使人印象深刻。而大陸挑選幾個重點大學，集中資源培植國際級研究型學府的政策，也值得學習。因為，政府不可能把每所學校都培養成世界級的大學，台灣雖然大學林立，但學生升學壓力依舊沒有減輕，因此社會應達成人人生而平等、職業不分貴賤的共識，使每所大學都能發揮其特有的辦學價值。

李遠哲並語重心長的指出，最近訪問世界各地，都看到每個國家的人民同心協力想提昇科技，以及發展產業，但最使人傷心的，一回到台灣卻看見朝野內鬥，這是非常不幸的事。台灣社會經常不問一個人作了多少貢獻，一旦看到有錯誤就追打，這是不對的，應該對有貢獻的人就要多給予鼓勵。而且勇於內耗的局面一定要轉變，台灣的時間不多，繼續這樣下去，我們的發展勢必會趕不上別人。

可是，有目共睹的事寔是，李遠哲放棄美國國籍自美回台後，一直是動見觀瞻、眾所矚目的政治人物，曾經一度屬意他出任行政院長，因此，大家認為，如果李遠哲能以諾貝爾獎得獎人身分，藉前往北京參加諾貝爾獎得獎人楊振寧八十大壽慶祝活動，而打開兩岸的僵局，造福台灣，他大可不必避談政治，藏身於科學的象牙之塔中，因為科學與政治是密不可分，好似連體嬰一般，很難分離而獨立存活的。

三、世界重視諾貝爾獎的由來

世界各國人士公認最高榮譽的「諾貝爾獎」，其實就是著名的瑞典科學家名字「諾貝爾」，因為他於一八九六年逝世後，在遺囑中以他的名義和大部分遺產（當時約合九二〇萬美元）設立永久性國際大獎，每年頒發一次。

諾貝爾獎依諾貝爾的遺願，原只設立物理學、化學、生理學或醫學、文字及和平等五個獎項，但一九六八年時，瑞典中央銀行為慶祝成立三百週年，出資創設了「瑞典中央銀行紀念諾貝爾經濟學獎」，一般簡稱為「諾貝爾經濟學獎」，因此共有六個獎項。

六個獎項的評選方式，有一定的嚴謹流程，每年各諾貝爾委員會以書面邀請各國知名的大學教授、研究機構委員及科學家們，推荐次年度諾貝爾獎的提名人選。

提名時間至二月一日截止，而後各委員會在特別的專家學者協助下，開始進行調查，再從提名人選的名單中決選出幾位候選人，提送頒獎機構，十月時進行最後的投票，選出諾貝爾獎得主，然後於每年十二月十日諾貝爾的逝世紀念日舉行頒獎典禮。

至於各個獎項的評選，則委託下列學術機構協助：瑞典皇家科學院評選物理學獎和化學獎得主、瑞典卡羅林斯加研究院評選生理學或醫學獎得主、瑞典學院評選文學獎得主、和平獎則由挪威國會推選出的五人小組負責評選、一九六八年瑞典中央銀行為慶祝成立三百週年而出資創立的諾貝爾經濟學獎，同時委由瑞典皇家科學院評選。

依據統計，從一九〇一年開始頒發諾貝爾獎以來，迄今共在九八個年度中（除了由於各種原因，分別中斷一些年度的評獎和頒獎之外），有六七七人（其中男性六五一人、女性二六人）和十六個單位（全部單位均評得和平獎）獲獎。

迄今已有六位美籍華人科學家榮獲諾貝爾獎：一九五七年諾貝爾物理學獎，由楊振寧和李政道兩教授獲得。一九七六年諾貝爾物理學獎，由丁肇中教授等二人獲得。一九八六年諾貝爾化學獎，由李遠哲教授等三人獲得。一九九七年諾貝爾物理學獎，由朱棣文教授等三人獲得。一九九八年諾貝爾物理學獎，由崔琦教授等三人獲得。

中國大陸迄今雖無人獲得諾貝爾獎，但一九八五年諾貝爾基金會曾致函北京醫科大學，正式邀請該校的教授們推荐一九八六年度諾貝爾醫學或生理學獎候選人，顯示該校在醫學科學領域中所達到的水準，已獲得世界醫學科學界的公認。

加上諾貝爾物理學獎得獎人楊振寧，已在北京清華大學創設了「高等研究中心」，作為「諾貝爾」搖籃，廣聚天下英才，正向奪取諾貝爾獎目標邁進！

第二章　諾貝爾獎護衛了杜聿明將軍生命

國共「徐蚌」最後的決戰，實際是杜聿明將軍統領指揮，因此被中共列為「戰犯」，當被中共所俘時，雖然自殺未成，後來經「勞改」而受到「照顧」，主要原因是杜聿明將軍的女兒杜致禮嫁給楊振寧，而楊振寧又是「諾貝爾物理學獎」得獎人，正是中共極積籠絡的華裔美國學者。

由於上述循環因素，杜聿明將軍被俘後在大陸的生活，受到妥善照顧。後來，不但楊振寧博士經常回到大陸講學及參加學術活動，而楊振寧的岳母曹秀清也從美國回到大陸，與杜聿明將軍團聚住在中共安排的北京舒適的大宅內。

為了使讀者進一步明瞭「諾貝爾獎」循環因素所發揮無形的功能，杜聿明將軍一生的歷程，必須從頭敘述——

一、杜聿明與曹秀清結婚後投考黃埔軍校

杜聿明是陝西省米脂縣人，一九二三年剛滿十九歲而畢業榆林中學，同年八月，娶大他兩歲的曹秀清為妻。

曹秀清也是陝西省米脂縣人，父親是米脂工商界的聞人，她與杜聿明結婚後，才到榆林女子師範學校求學。

杜聿明完成中學學業正在謀求出路時，偶然在雜誌上發現黃埔軍校招生消息，經過深思，決心走革命軍人這條道路。

杜聿明從軍意願，受到家人堅決的反對，因為他是其父杜良奎四十二歲所生的長子，期望甚高，而且當時社會尚有「好鐵不打釘、好男不當兵」的舊觀念存在，杜聿明雖然大鬧了幾次，其父依然不同意。

杜聿明眼看黃埔軍校第一期在北方招生的限期快到，為了先擺脫家庭的禁止出門，只好表面向家庭表示要到北京升學考大學，其父始勉強同意放行。

杜聿明到北京，透過堂兄杜聿鑫的介紹，認識一批在北京的陝西籍青年，此時，北洋軍閥當道，政局混亂，不得人心，孫中山先生正在廣州成立臨時大元帥府，改組國民黨，力求革新

政治，重振中華，贏得全國人民的擁護，愛國青年紛紛前往投效。杜聿明等探悉黃埔軍校仍在招生，於是這批在京的陝西籍青年，結伴前往廣州。

一九二四年三月初，杜聿明與堂兄杜聿鑫和陝籍同鄉青年一行十一人，冒著北國春寒，取道天津搭乘英國輪船南下。四月三日抵達廣州，住在陝西會館。

經探聽之後，黃埔軍校招生雖然沒有過期，但報名者已逾千人，為了怕落選，杜聿明等十一人以陝籍同鄉身分聯名上書國民黨元老、原在陝西擔任靖國軍總司令的于右任，請求協助。半個月後，接到通知，于右任見到這些家鄉青年，不辭路途遙遠，來到廣州參加革命，非常高興，語多勉勵，表現親切。當即寫信給黃埔軍校校長蔣介石，懇請破格錄取將來有利開展北方革命工作。

四月底黃埔軍校放榜，杜聿明等十一人全部榜上有名，顯示于右任的介紹信發生效用。

一九二四年六月十六日，黃埔軍官學校第一期學生舉行開學典禮，孫中山先生親臨訓話，指出革命的目標和前途，激勵全校師生英勇奮鬥。

當時校長為蔣中正，黨代表廖仲愷，政治部主任原為戴季陶、繼為邵元沖、後為周恩來，教授部主任王柏齡，訓練部主任李濟深，總教官何應欽，總隊長鄧演遠。

黃埔軍校第一期學生共有五百多人，杜聿明編在第三隊第三區隊第九分隊，隊長為金佛庄，分隊同學有黃杰、葉佩耀、李仙洲、侯鏡如、關麟征、杜聿鑫、田毅安、陳賡、馬思恭等。同學之間年齡相差甚大，其中李仙洲、田毅安在三十歲以上，而杜聿明和陳賡、馬思恭只有二十歲。

當時，在國共兩黨合作的氣氛之下，黃埔軍校內具有國民黨黨員身分和共產黨黨員身分的同學之間，尚能融洽相處。開學不久，學校辦理入黨登記，杜聿明同時接到兩份登記表，由於他出身地主家庭，幼年就厭惡「共產」兩字，因此，他選擇國民黨的登記表，逐項填妥並簽名，成為正式的國民黨黨員。

杜聿明受訓期間，最心儀的人物是總教官何應欽、總隊長鄧演達。

何應欽畢業日本士官學校，能背誦「典範令」全部條款，對各項軍事訓練要領能融會貫通，運用自如。他經常到課堂、操場視察，有時則身體力行，給學生做示範動作。對射擊教育非常重視，他的射擊技術也很準確嫻熟，表演起來絲絲入扣。

鄧演達出身保定軍校，平日不苟言笑，態度嚴肅，對學生的學科、術科、生活各方面，異常關心，要求也嚴格，經常到學生寢室查看，尤其重視學生內務的整齊清潔，稍為不合要求，立刻予以糾正。

黃埔軍校第一期學生在緊張的訓練中，同學之間逐漸形成了左、右兩派，以共產黨員為核心的左派同學組織了「青年軍人聯合會」，以國民黨右派學生為核心組織了「孫文主義學會」。杜聿明雖然在思想上與右派同學有著強烈的共鳴，但在組織上毫不介入任何一派的活動。

杜聿明和左派同學陳賡，右派同學黃杰，都有很深的交誼，從來沒有因為意識形態和組織關係的不同而產生隔閡和疏離！

二、黃埔軍校第一期畢業生首次出征參戰

一九二四年十二月，黃埔軍校第一期學生受訓六個月畢業。

當時，陳烱明反革命軍隊雖然被迫退出廣州，卻仍然盤踞東江惠州地區，企圖捲土重來。所以，國民革命政府即著手建立自己的革命武裝，以黃埔軍校第一期畢業學生為基幹，組成了兩個教導團，教導第一團長何應欽，教導第二團長王柏齡。

杜聿明被編到教導第一團第一營第三連當見習官，因他幼年在家有管理帳務經驗，所以又兼軍需上士，負責管理官兵伙食，帶著炊事兵上街買菜，又監督下廚做飯，經他精心安排，全連伙食辦得很出色，深受官兵稱贊，不久就升為第二排副排長。

教導第一團在黃埔島訓練，杜聿明接任副排長後，對士兵管理嚴格，士兵稍有疏忽，就處罰跑步或斥罵，以致不得兵心，處境尷尬。

一九二五年春，孫中山大元帥下令東征，攻打陳炯明，教導第一團參加了這次東征。擔任該團宣傳隊長的陳賡，因得悉同學杜聿明在連裡與士兵無法相處，便調杜聿明到宣傳隊當宣傳員。

宣傳隊的任務，一是宣傳國民革命的偉大意義；二是動員和組織人民群眾；三是維護檢查軍風紀，做好軍民關係。宣傳隊經常比部隊先出發，沿途召集群眾，開展宣傳工作。可是，杜聿明不會說廣東話，無法直接向群眾宣講，陳賡雖是湖南人，卻通曉粵語，時常為杜聿明當翻譯。

杜聿明曾問陳賡：你的廣東話說得很好，為什麼不直接自己向群眾講呢？

陳賡含笑回答：你的槍法很好，口齒卻較遲鈍，需要有機會多練習，對你會有好處。

在戰鬥途中，杜聿明執行檢查軍風紀時，比較認真，只要發現任何一個官長或士兵，雖僅打破老百姓的一個碗，一定要有關人員照價賠償，有時自己掏錢代賠。而陳炯明的部隊，則如同土匪般，肆意損害人民利益，老百姓恨之入骨。因此，革命軍到處受到人民歡迎，群眾主動擺茶送水，甚至充當嚮導或送情報。兩相對比，使杜聿明首次參戰從中受到了深刻的實際教育。

教導團倉卒建立成軍，沒有實戰經驗，初次出征就鬧了一個笑話。有一天，第一團在向敵行軍中，忽然聽見先頭尖兵連嚮了幾槍，接著就是密集的槍聲，嚮個不停。團長何應欽當即下令部隊停止前進，自己到前方了解情況。經過觀察，發現對方不像敵人，命令停止射擊，派人去聯繫，原來是左翼第二團行進錯了方向，團長王柏齡率部繞了一個山頭，走到第一團對面來了，把第一團當成敵人，開槍射擊，鬧成一場誤會，幸虧何應欽很快制止，沒有造成重大傷亡。

三天之後，教導團學生軍前進到淡水城下，與陳炯明軍展開正面攻防戰。以黃埔軍校校長身分指揮學生軍的蔣介石，決定對守軍進行強攻，在官兵中選出「敢死隊」作為爬城先鋒，第一團第一營營長沈應時擔任敢死隊長，隊員有百餘人。陳賡、杜聿明雖然也自告奮勇報了名，但因宣傳隊員不在應選之列，但仍隨團參加戰鬥。淡水是個小縣，城牆不高，敢死隊在火力掩護下，搭木梯迅速攀上城牆，驅散守軍，打開南門，國民革命軍衝進入城，受到民眾熱烈歡迎。

但是擔任左翼攻擊的第二團卻不順利，該團在淡水以北與叛軍接觸後，卻受抵抗受挫，向淡水撤退。而淡水北門外有一座小山，由第一團據守，陳炯明部隊乘勢進攻該小山。

蔣介石、何應欽等也都到小山上，指揮第一團頂住叛軍攻勢，同時嚴令第二團進行反攻。在兩個團夾擊之下，陳烱明部隊始被打垮，於是結束了黃埔軍校學生首次東征的戰役。

黃埔軍校第一期學生首次參加淡水之戰，為期甚短，但在這幾天實際戰鬥中，對杜聿明的思想卻有著重大的影響，因為，他自認對古書所載嘉言懿行，雖然領悟不深，但有一句話是很有感觸，那句話是「擇其善者而從之」。所以，杜聿明認為黃埔軍校師生，是真正為民眾的革命軍隊。

三、杜聿明謁見孫中山在世的最後一面

杜聿明隨第一次東征軍進駐淡水後，卻長了一身疥瘡，癢痛難熬，搔後潰爛流血，部隊長官特准假送他回廣州醫治。在醫院診治一週後，疥瘡始告痊癒。

杜聿明等回到黃埔軍校謁見黨代表廖仲愷。

廖仲愷見到杜聿明、杜聿昌、杜聿鑫、楊啟春等四個北方籍的黃埔軍校畢業學生，不禁大喜道：你們來得正好，胡景翼要辦軍官學校，不斷打電報請廣州派人協助，現在派你們到河南去，幫助籌備建校。你們是北方人，熟悉北方情況，必能順利完成這個任務。

於是，黃埔軍校每人發一百元大洋作路費，囑咐從速北上。

臨行前，廖仲愷將一封親筆信交給杜聿明，要杜聿明經過北京時，面呈正在北京醫院治病的孫中山。

杜聿明一行四人到達北京，隨即到孫中山治病所在請求謁見，當時病情已經沉重，經常處於昏迷狀態。由汪精衛出來接待，然後隨著進入孫中山的病室。杜聿明等在床邊向臥在床上的孫中山立正敬禮後，雙手將廖仲愷的親筆信交給榻旁的副官馬湘轉呈孫中山。

孫中山看完信後，含笑向杜聿明等親切握了手，並說了幾句勉勵的話，然後又昏睡了。

離開病室進入客廳，杜聿明等向汪精衛詢問孫中山的病況後，就回到旅館，由杜聿明執筆，寫了一封信給廖仲愷，報告了孫中山最新的病情。

當杜聿明等一行到達開封的第三天，也就是一九二五年三月十二日，就獲悉孫中山病逝的噩耗，非常悲痛，決心遵照孫中山臨終的遺訓，革命到底！

黃埔軍校黨代表廖仲愷交待杜聿明的任務：應國民軍第二軍長胡景翼的請求，協助仿照黃埔軍校開辦一所同樣的軍校。

胡景翼是陝西人，對陝籍黃埔一期學生杜聿明等報到，格外滿意。於是，杜聿明等在胡景翼直接領導下，協同蘇聯顧問，積極進行開封軍校籌建工作。

可是，進行一個多月時，胡景翼卻因病逝世，由該軍第二師長岳維峻繼任軍長和河南軍務督辦。由於岳維峻的政治傾向、思想作風，與胡景翼大不相同，以致對蘇聯顧問及黃埔學生都不相容。不久，蘇聯顧問憤然離去，開封軍校籌建工作也就隨之停辦，杜聿明等在河南亦無容身之地，只好離開回到陝北。

杜聿明對自己沒有完成黃埔軍校黨代表廖仲愷交待的任務，深感內疚，因此鄭重寫了一份報告，分呈大本營和黃埔軍校。不久，接到國民黨中央組織部回信指示，要求杜聿明仍留在北方，迅速與孫中山的副官馬湘聯繫，以便擔任北京碧云寺停厝的孫中山靈寢守護任務。

孫中山病逝後，國內政局更趨惡化，段祺瑞政府並沒有如孫總理遺囑所期望的召開國民會議，實行民主政治，奉系軍閥，一意孤行。另方面，全國人民在孫中山「革命尚未成功，同志仍須努力」的遺囑號召下，進一步掀起革命高潮。因而引起一般官僚的恐懼，他們竭力貶低孫中山的偉大形象，甚至放出空氣，揚言要炸毀孫中山的遺體。

當時，正好高桂滋奉令率部進入北京，負責衛戍任務，杜聿明等也隨同北上，並任特務營副營長兼第一連長，同時也與孫中山的副官馬湘取得聯繫，得知馬湘只有少數侍衛人員守護靈寢，擔心反襲擊，寡不敵眾，於是杜聿明以黃埔學生身分，率隊進駐西山碧云寺靜宜園，部署警戒。因此，名義上孫中山的靈寢守護任務是馬湘，實際卻是杜聿明全權指揮。

這時，國民革命形勢風起雲湧，廣州革命政府誓師北伐，分三路向湖南、江西、福建進軍。軍行所至，人民夾道歡迎，兵鋒所指，勢如破竹。國民政府也隨即由廣州遷駐武漢，杜聿明得知這個消息，決心離開北京前往歸隊。

杜聿明到達武漢，就去找時任國民革命軍總司令部政治部主任兼武漢行營主任鄧演達，然後安排見到黃埔軍校武漢分校學兵團長張治中，而被派任學兵團第一營第三連中校連長。

一九二六年十一月初，蔣介石率北伐軍打下南昌，並成立北伐軍總司令部。與武漢方面形成對峙局面，迨蔣介石由南昌到達南京，寧漢分裂逐漸明朗化。特別是一九二七年上海四一二事變後，武漢方面的倒蔣運動達到鼎沸程度。

由於杜聿明係黃埔軍校一期畢業生，平時言行又是擁護蔣介石，因此被共產黨所控制的連部予以禁閉。後來，杜聿明等被關的十多人，趁雷雨之夜，越獄逃出，然後設法乘船逃到南京。

杜聿明到達南京，得知張治中也在南京擔任總司令部訓練處校閱委員會主任委員，見面之後，張治中即帶杜聿明去見蔣介石，然後安排杜聿明在校閱委員會中任中校委員。

兩個月後，汪精衛與蔣介石攜手反共，寧漢合流，但是國民黨內反對蔣介石獨裁統治者，仍然居多數，國民政府宣布改組，要將蔣介石趕下台。因此，一九二七年八月十三日，蔣介石被迫下野。

國民政府改組後，撤銷了校閱委員會，張治中只好出國考察，杜聿明也因此失去靠山而失業。

四、杜聿明妻子曹秀清參加共產黨

杜聿明軍旅生活浮沉不定，因此居住在陝北老家的妻子曹秀清，始終天各一方，夫妻生活也聚少分多。

曹秀清與杜聿明結婚後，進入榆林女子師範讀書時，因長相出眾，又很活躍，所以被吸收參加共產黨。

國民黨四一二後清黨時，曹秀清被查出是共產黨員，所以未待畢業榆林女子師範，就由陝北跑到天津，輾轉經上海到了南京，始與杜聿明重聚而享受夫妻生活。

一九二八年夏，張治中考察回國，出任南京中央陸軍軍官學校教育長，即派杜聿明為該校杭州預科大隊第二中隊中校隊長。

一九二九年初，又調杜聿明出任南京軍校第七期第四隊中校隊長。由於杜聿明長於訓練，工作又腳踏實地的硬幹苦幹，對人處事比較靈活，頗受張治中青睞。

蔣介石成立教導第二師，張治中兼任師長，所有各級帶兵軍官全由軍校師生充當，杜聿明當時為該師第二旅第五團一營中校營長。

一九三〇年，蔣介石、馮玉祥、閻錫山掀起中原軍閥大混戰時，杜聿明已升為該師第六團上校團長。

同年冬，教導第二師改番號為陸軍第四師，由徐庭瑤任師長，杜聿明為第十二旅第二十四團長，深感自己遭遇坎坷，認為升上團長職位不易，因此格外奮發努力，認真治軍，不稍怠慢。

當師長徐庭瑤視察時，目睹杜聿明駐地清潔，內務整齊，軍紀良好，教育充實，操演嫻熟，因而大加讚賞，從此將杜聿明視為得力骨幹，特別器重而歸為嫡系。

中原軍閥混戰結束後，陝北交通恢復，杜聿明父親杜良奎卻病故，他請假奔喪，運靈柩回陝西老家安葬。

杜聿明在故鄉服喪期間，徐庭瑤所率的第四師第十二旅派到湖北圍剿鄂豫皖邊區的紅軍，卻敗下陣來，旅長張聯華亦被俘。蔣介石對徐庭瑤嚴加訓斥，並命該師開往武漢，重新成立第十二旅，這時杜聿明正趕回報到，徐庭瑤要他為十二旅報仇，為第四師恢復名譽。

一九三二年初，該師奉命到皖北參加大別山圍剿紅軍，先到蚌埠集結，然後推進到正陽關，向據守霍丘的紅軍展開攻擊，被紅軍阻擊敗退。這時，杜聿明所率重新成立不久的第二十四團奉命全力反攻，突入霍丘，使紅軍受到重大損失而撤退。

徐庭瑤對杜聿明這次戰役中反敗為勝，挽回該師名聲，乃上電請奬報升杜聿明為少將團長，此乃杜聿明一生事業的關鍵。

一九三二年冬，徐庭瑤升任第十七軍長，下轄兩個師，第四師長為湯恩伯，第二十五師長為關麟征，杜聿明則升為二十五師第七十三旅長，不久，又升為該師副師長。

一九三三年初，日本侵略軍進佔山海關、九門口以後，接著兵分三路進攻熱河，侵略凶焰極為猖狂，激起全國人民愛國義憤，紛紛函電南京國民政府，要求對日宣戰，蔣介石始派一部嫡系部隊北上抗日。

杜聿明亦是參戰抗日的一員，所有參戰者都誓死抗日，參戰官兵在南天門浴血苦戰，時達二十多天，作出了重大犧牲。另一批官兵在古北口抗日戰役中，激戰達兩個月，傷亡近萬人，但是，轟動一時的長城抗戰，卻在國民黨代表熊斌與日軍代表岡村寧次簽署的「塘沽停戰協定」而告落幕。

古北口戰役後，杜聿明在第二十五師副師長任內，因未負實際責任，工作較為輕鬆，同時有感國民黨軍隊多引進歐美軍事裝備，聘請德、意、美等國軍事專家擔任顧問或教官，很想有學習的機會，否則跟不上進步發展的時代，所以於一九三三年秋，考進南京中央軍校開辦的高等教育班第一期進修。

五、加入復興社的杜聿明始獲信任

杜聿明自從投身軍旅，也曾參加多次「出生入死」的作戰任務，但始終感覺未被高層視為核心，推測可能因妻子曹秀清參加過共產黨，因而未被信任。

杜聿明在南京中央軍校高等班受訓中，與陝西同鄉又係黃埔一期同學馬志超交誼深厚，時相過從。由於馬志超早已加入復興社，熟悉該社情況，便勸杜聿明加入，他願作介紹人。

馬志超指出，復興社是黃埔軍校校長蔣中正所創辦，目的是為了鞏固國民政府政權，翦除社會異動障礙。

於是，在馬志超鼎力從中斡旋後，杜聿明正式加入了復興社，成為國民黨高級將領中為數不多的復興社分子之一。他之所以加入復興社，一來是為了表示自己對蔣介石的忠心，以取得信任；二來是成為復興社成員，可以免除許多無謂的麻煩，特別是他的妻子曹秀清早年加入過共產黨的紀錄，被一些競爭對手作為藉口，發難攻訐，一度曾要求「軍統」監視他。

後來，杜聿明加入復興社，政治上有了保障，不但沒有被監視，而且還能藉此立場，與復興社的頭目戴笠交往。而且在杜聿明出任東北保安司令長官時，戴笠還派親信文強到瀋陽，協助開展情治工作，為杜聿明掃除不少障礙。

「塘沽協定」簽訂後，何應欽按照日軍要求，撤銷了徐庭瑤第十七軍長職務，蔣介石為掩蓋社會的視聽，當即組織了一個以徐庭瑤為團長的「軍事考察團」，分往歐美各國考察軍隊現代化裝備，特別是機械化的發展。

一九三五年春，徐庭瑤考察回國即向蔣介石作了詳細的考察心得簡報，強調如果要打敗日本，必須創建新的機械化部隊。於是，一九三六年三月，南京陸軍交輜學校就在郊區丁家橋正式創立，校長為蔣介石，徐庭瑤為中將教育長。

杜聿明在中央軍校高級教育班畢業後，本應回第二十五師，但經徐庭瑤大力推荐，蔣介石始同意他出任新成立的陸軍交輜學校學員隊隊長職務。

一九三七年，軍委會、軍政部決定，將陸軍交輜學校現有的戰車營、交通兵第二團所屬裝甲汽車隊合編，並補充一批戰車，建成第一個陸軍裝甲兵團，第一任團長則由杜聿明出任。

同年八一三淞滬抗日戰爭爆發，杜聿明率領陸軍裝甲兵團戰車第一營的二、四兩連，在上海匯山碼頭協同步兵阻擊企圖登岸的日軍，經過激戰，部分戰車雖被日軍擊毀，但日軍的登岸攻勢卻未能得逞。

一九三八年，杜聿明裝甲兵團撤至湖南湘潭整訓，當時國民黨政府向歐美各國購進一批武器，其中有戰車近七百輛，由廣州進口後，軍委會命令裝甲兵團擴編為第二百師，以杜聿明為師長，邱清泉為副師長，廖耀湘為師部參謀長。

杜聿明在短期內，接收大量機械化裝備，倉促建立第二百師，總兵力約二萬人，對於一支軍隊來說，雖擁有優良裝備，但最重要還須有能夠使用這些裝備的官兵。因此，他決心集中全副精力大舉練兵，爭取短期內練成一支能夠馳騁疆場和日軍打硬仗的勁旅。

杜聿明對於官兵及眷屬生活極為關心，對軍紀維護及做好軍民關係，也較注意，經常幫助當地修路造橋，醫治疾病等，不但深得官兵擁護，也博得民眾稱讚。

一九三八年十二月，第二百師擴編為新編第十一軍，徐庭瑤任軍長，杜聿明為副軍長，下轄第二百師、榮譽第一師和新編第二十二師，從湖南湘潭移駐廣西全州。

一九三九年夏天開始，日本侵略軍在海南地區調動頻繁，正集結兵力，準備開闢華南戰場，企圖截斷我西南國際交通線。

重慶統帥部得到上項情報後，命第五軍和第九十九軍集結廣西全州和湖南衡陽備戰待命。

一九三九年十一月十五日，日本侵略軍在防城、北海登陸，進占欽州。十九日由欽州突破廣西小董防線，進擊南寧。第五軍奉桂林行營電令向南寧附近集中，準備攻擊由欽州、防城登陸北進之日軍。

杜聿明奉命後，即令第二百師戴安瀾部以步兵兩團為先遣部隊，向南寧前進。同時，一方面作戰鬥部署，一方面向重慶最高統帥部建議：目前侵占南寧日軍，兵力尚不足兩師，此次乘我兵力分散，雖僥倖成功，但以交通阻塞，除少數山炮外，其他重兵器及機械部隊均無法使用，而補充尤困難。而我軍所處情況卻適與相反，故此時我軍正宜乘敵孤軍深入後援未濟之時，集結優勢兵力，配合地方民眾，迅速反攻，以擊破侵敵而恢復國際之重要交通。

經陳誠、白崇禧親自到潭蓬村軍司令部視察後，對杜聿明準備攻擊部署情況，甚表滿意。於是，杜聿明即進入作戰指揮所，留下參謀長黃翔守在軍司令部。

杜聿明運用靈活戰術，機動作戰，隨時調整作戰部署，並派鄭洞國榮譽一師一部份官兵襲攻日軍後側，深入八塘，將敵軍指揮部及炮兵陣地摧毀，日軍開始呈現動搖之態。第二百師師長戴安瀾親自督導，奮戰一晝夜，前仆後繼，奇勇強攻，終於奪取了界首陣地。

這一場激戰，日軍損失空前巨大，據日本戰後公布的資料，在此戰役中，日軍第五師團第十二旅團長中村正雄、第四十二聯隊和二十一聯隊的聯隊長、第一、第二、第三大隊的長官，均被我軍擊斃，該旅團班長以上的軍官死亡達百分之八十五以上，士兵死亡四千餘人，被我軍所俘的有一百餘人。

中國軍隊獲得重大勝利捷報傳出，舉國歡騰。杜聿明並在昆侖關上，建立了一座「陸軍第五軍抗日陣亡紀念碑」，含著熱淚親筆寫了一篇四百多字的悼念碑文，蔣介石、何應欽也題詞紀念。

六、遠征緬甸的杜聿明雖敗反而升官

日軍截斷華南交通線的企圖受挫後，卻於一九四〇年九月侵入越南，截斷中越通道，並進而威脅我國滇緬路國際交通要道。

蔣介石即命杜聿明第五軍進入雲南省之楊林、沾益、曲靖等地，在昆明設立軍事委員會駐滇參謀團，籌謀對策，以林蔚為團長，並成立昆明防守司令部，派杜聿明為總司令。

滇緬公路，闢建於一九三八年，是支援中國抗戰的重要交通動脈。但通車不久，英國殖民主義者卻不斷留難，一九四〇年七月，英國與日本還達成協定，封鎖滇緬路。

後來，日軍侵入越南，與泰國簽訂「友好」條約，直接威脅馬來亞、新加坡、緬甸等英國殖民地。於是，英國又轉變態度，對我國表示友好，將過去為討好日本而封鎖的滇緬路仰光港口，重新開放，開始與我國醞釀中英軍事同盟。

同時，組織了「中緬印馬軍事考察團」，於一九四一年二月出發，分往緬甸、印度、馬來亞考察三個月。考察團的中國團長為商震、副團長林蔚、團員有杜聿明、侯騰、馮衍、唐保黃等及空軍、海軍、外交人員。

考察完畢，編成「中緬印馬軍事考察團報告書」，其中最主要的是由杜聿明和侯騰合擬的「中英緬甸共同防禦計劃草案」。杜聿明在草案分析，日本將不是從中國境內截斷滇緬公路，一旦與英國開火，勢必先擊敗英軍進而侵佔馬來亞、緬甸，如此，既可奪取英殖民地，又能封鎖中國，達到一箭雙雕的效果。

一九四一年夏，中國正式提出共同防禦意見書後，英方對局勢有不同的看法，強調中國應在中老、中緬邊境佈防，不允許中國軍隊入緬，所以一九四一年六月至十二月，中國只能動員三個軍在國內作必要的準備。

一九四二年初，日軍第十五軍阪田様二郎率四個師團分兩路向緬甸進攻，一路由泰國侵入緬甸之毛淡棉北進；一路在仰光登陸，循滇緬路進攻英軍。

英軍抵擋不住，節節敗退。中國立即派出遠征軍，以羅卓英為第一路司令長官，杜聿明為副司令長官，率領第五軍、甘麗初的第六軍、張軫的六十六軍進入緬境。同時在中國設立中國戰區，蔣介石為中國戰區最高統帥，參謀長為美國史迪威將軍，所有軍需補給，由美國供應。英國在緬甸軍隊，由英緬軍總司令亞歷山大指揮。

一九四二年三月十四日，日軍在仰光登陸，北進追擊英緬軍。當中英兩國軍隊集結後，就分三路迎擊日軍；中路軍為杜聿明第五軍，西路軍為英緬軍，東路軍為甘麗初第六軍。

杜聿明根據情報研判，了解日軍最多不超過兩個師團，計畫集中兵力，利用同古有利地形，全力進擊，進而協同英緬軍收復仰光。

當英緬軍在仰光受到日軍打擊時，兵無鬥志，與日軍一經接觸，即行潰退。此時，英軍要求中國軍隊接替英緬軍西路防區，企圖避戰撤走。

英緬軍七千人在仁安羌被日軍一個大隊監視不放，英軍在驚慌中認為已被日軍包圍，急向中國軍方求救。駐在喬克巴當的第六十六軍孫立人新編第三十八師接到命令，立刻前往馳援，經過激戰，始將日軍擊退，為英緬軍解了圍。後來有個笑咭，戰地只要是中國軍隊警戒守第一線，英國官兵就放心脫衣服安睡。

由於東西兩路友軍的潰散，中路軍有被東西兩路日軍截斷後包圍消滅的危險，因此，參謀團長林蔚提出脫出日軍包圍，退守曼德勒東北，再增調兵力，從新部署作戰。

美方雖同意，但未能切實執行。而杜聿明認為這樣會分散兵力，可能被日軍各個擊破。卻未受到重視，杜聿明只得從命，放棄了棠吉。

於是，日軍重新進佔棠吉，並直取臘戍，從西南面截斷了集結於曼德勒準備大戰的中國主力軍後方。在曼德勒的杜聿明第五軍，不得不向伊洛瓦底江的西岸撤退。從此，中國遠征軍就走上慘敗境地。

第五軍各部回國經過之處，都是些重山峻嶺，人煙稀少的地方，給養困難，沿途蚊蚋成群，螞蟻吸血，官兵死亡相繼，屍骨暴野，慘不忍睹。杜聿明亦感染重病，幾乎殞命。第二百師長戴安瀾、團長柳樹人等，在與日軍激戰中負重傷，不治亡故。第九十六師副師長劉義賓、團長凌則民，也為掩護主力部隊而獻出了生命。

中國遠征軍各部隊分別到達印度的列多和滇西邊境時，據當時初步統計資料，由於指揮不當，撤退時散失、生病及意外死亡的人數，比在戰場上與日軍拼搏而死亡的人數多。遠征軍出征時，總兵力約十萬人，回國僅存四萬人左右。以第五軍一個軍計算；軍部直屬部隊及第二百師、新編第二十二師、第九十六師，合計為四萬二千人，戰鬥死傷人數為七千三百人，撤退死傷人數為一萬四千七百人，後者比前者多一倍。

杜聿明率第五軍殘部回國後，到重慶晉見蔣介石，除了詳述在緬作戰經過外，並自責無能，未能完成任務，為國爭光，要求校長處分。

蔣介石不但未處罰杜聿明，反而擢升他為第五集團軍總司令兼昆明防守總司令之職。充分顯示杜聿明自加入復興社後，不但掃除了他妻子曹秀清曾參加共產黨的陰影，而且真正受到蔣介石的信任。

七、銜命解決龍雲的杜聿明又為蔣介石背過

蔣介石指派杜聿明為昆明防守總司令，不是隨意決定的，不但視為心腹，而且有其長遠用意。

當時的雲南，是接受美國軍事援助的重要基地和國際交通要道，更是西南的戰略要點。如此重要區域，卻由人稱「雲南王」的龍雲所掌握，使蔣介石在此指揮不靈。

蔣介石要「統一軍令政令」，擔任軍委會雲南行營主任兼雲南省主席的龍雲，卻經常在軍政方面自作主張，與蔣介石作對，不斷發生尖銳的利害衝突。

譬如，在一九三八年十月，汪精衛潛離重慶，經越南逃往南京，公開投降日本，成立傀儡政府，當時經過昆明時，曾得到龍雲的禮遇，並且親送汪精衛上飛機前往河內，此事導致蔣介石很難堪，對龍雲非常不滿。

一九四一年珍珠港事件後，美國與我國締結「中美軍事同盟」，按租借法案由美國供給中國軍事裝備，共同對日本作戰。這些武器裝備，由美國先運至印度，再飛越喜馬拉雅山駝峰到雲南機場，經常受到龍雲管轄的機場人員刁難，美軍不斷向重慶國民政府及軍委會告狀，因而引起蔣介石十分惱火。

因此，如何翦除龍雲，統一雲南，一直是蔣介石想達成的心意。可是，蔣介石也知道龍雲並非簡單人物，不是能輕易扳倒的，必須從長計議，並要選派絕對忠誠的得力心腹暗中進行，所以終於選中了杜聿明。

杜聿明出任昆明防守總司令後，深知如果不搞好與「雲南王」龍雲、同盟國美軍兩方面的關係，其結果，不但自己在昆明做不下去，甚至會身敗名裂。

最後，決定對龍雲採取表面應付，與龍雲周旋，恪守部下對長官應有的態度，執禮恭敬，相處數年期間，逐漸取得信任，表面兩人感情融洽，幾乎無話不談。

對於龍雲左右重要負責人員，杜聿明廣為接納，經常相處打牌喝酒，互相稱兄道弟，打成一片，彼此無所猜疑。

至於美軍方面，更是小心照顧，有所要求，能辦的立刻處理，盡量滿足。不能處理的，則婉言解說，免除誤會。美軍在公餘之暇，所舉辦的各種晚會或娛樂，只要接到邀約，均準時參加，一道歡唱起舞。

杜聿明在昆明為任務所參加這些紙醉金迷的活動，引起其他國民黨的人員物議，甚至向重慶檢舉告狀。杜聿明也聽到外界不利自己的批評，深感處境困難。因而專程飛到重慶，向蔣介石面報自己在昆明所作所為的苦衷，要求免除他的昆明防守總司令的兼職。

蔣介石聽後，不但毫無慍色，反而撫慰再三，並叫身旁侍衛開了一張鉅額支票送給他，並命他馬上回昆明，安心履行原先任務。

一九四五年春，中國駐印軍由美國史迪威與我國鄭洞國率領，向駐緬日軍攻擊，越過野人山，打通中印公路。此時，杜聿明忽然接到昆明機場電話，蔣介石要他立刻去重慶，飛機已準備妥當。

杜聿明到重慶見到蔣介石，蔣介石表示，目前準備對日本侵略軍進行總反攻，必須先安定後方，統一雲南的軍事政治，保障抗日戰爭的最後勝利。

蔣介石接著說，現在擬調龍雲到中央任軍事參議院長，恐怕他不服從中央命令，你要在軍事工作切實解決龍雲的準備，先將昆明附近的國防工事全部控制，然後在我明令到達的同時，即以武力解除龍雲的全部武裝，限他於三日內到重慶。

杜聿明與龍雲在昆明相處五年，私人情誼雖然很好，但杜聿明是蔣介石的心腹，蔣介石更是他的靠山，所以毫未考慮地接下了這個任務。

不久，蔣介石又把要解決龍雲的心意，告訴了在昆明的中國戰區總司令何應欽。何應欽和杜聿明研究結果，認為勸龍雲自動辭職是上策。於是，經過三天期間，多方勸說，並動員龍雲的親信相機從旁婉勸，但均無效，龍雲毫無退意。

一九四五年八月九日，蔣介石又電召杜聿明到重慶，面囑回昆明後從速安排解決龍雲軍事布署外，還要對雲南的通訊、交通及各機場作周密監視，防止龍雲逃跑。

杜聿明返回昆明，在軍事方面，假借到淪陷區各大城市解除日軍武裝作準備為掩護，對排長以上軍官親自教導沙盤模擬演習。對龍雲在昆明的兵力、駐地作了詳細分析，並擬定了對策，以期在最短期內予以解決。至於昆明全省的電話、電訊、公路、鐵路、機場等，也規劃了嚴密控制方法。目的是使龍雲與外界隔絕，無法救援逃走。

一九四五年八月十五日，日本正式宣布投降後，國民黨嫡系部隊紛紛開往南京、上海、廣州、北平、天津等地接受日本軍隊投降和解除武裝。

軍委會同時命盧漢率軍進入越南接受日軍投降，並放出空氣，指日軍有反抗投降之舉，為防節外生枝，要多派兵力前往越南，於是勸說龍雲再擴充一個軍，龍雲只好將他留在昆明的兒子龍繩武所率的家兵由一個師擴編為一個軍，由昆明開赴越南。

同年九月二十七日，蔣介石派心腹王叔銘秘密到達昆明，給杜聿明送來一封信。蔣介石在親筆信說，日內就要頒布免除龍雲在雲南軍政本兼各職，調任軍事參議院長的命令，最好一槍不發，並絕對保證龍雲生命的安全。而且必須以長官之禮相待，照命令限期送龍雲到重慶。萬一龍雲不接受命令，就立刻集中火力轟擊龍雲根據地「五華山」。

蔣介石為了避免在政治上受到輿論批評，並保持機密不外洩，事前就暗中到西昌去了。然後發布了龍雲調職命令，同時任命李宗黃為雲南省民政廳長並代理雲南省主席，雲南地方軍隊，則交昆明防守總司令杜聿明接收改編。

杜聿明所安排的部隊布署妥當後，即將軍委會命令送給龍雲各部隊，使各部隊猝不及防，被迫表示願意照命令繳械。

龍雲感到大勢已去，表示自己是服從命令的，不過在雲南十多年，有些事必須交代，無法在十月四日前到重慶，因而形成僵局。

接著，蔣介石又派陸軍總司令何應欽由南京飛到昆明，可是，何應欽卻吃了閉門羹，龍雲拒絕見面。後經中國銀行昆明分行行長王振芳從中斡旋，龍雲表示要行政院長宋子文親自來昆明，並保證他的安全，才去重慶。

當宋子文飛到昆明，上五華山與龍雲長談後，龍雲始偕同宋子文離開昆明到重慶。

龍雲到達重慶，雖然滿懷不快，但懾於蔣介石的權威，不敢發飆，便將一肚子怨氣向杜聿明發洩。當著蔣介石的面，指責杜聿明不先送命令給他，而先動武，簡直蔑視國法，背叛長官的行為，要求嚴加懲辦，否則，他可以原諒，雲南老百姓也絕不原諒的，勢必造成更加混亂的局面。

龍雲離開昆明後，杜聿明正遵照蔣介石的面諭，著手改編龍雲的軍事勢力時，突然接到蔣介石的命令，要他到重慶去。

蔣介石見到杜聿明表示，這次解決了龍雲問題，對國家立了大功，可是也得罪了龍雲。你是否願意為國家背過，任勞任怨？因為我要表面先公布將你撤職查辦的命令，以後再任你別的職務。

杜聿明是一個歷來替蔣介石背過而爬上的人，很了解他的心理，就慷慨回答，只要對國家有利，個人不計較任何名義地位。

杜聿明回到昆明，蔣介石接著發表了命令：杜聿明在雲南處理失當，著即撤職查辦。調任關麟征為雲南警備總司令。

上項人事命令，還特別在「中央日報」上以頭號標題登出，其目的不過是掩人耳目，平息龍雲的怒火！

八、戴笠親到醫院探視杜聿明病情的動機

日本投降前夕，行政院長宋子文於一九四五年七月間到莫斯科，與蘇聯商談簽訂「中蘇友好同盟條約」。同年八月九日，蘇聯對日本宣戰，以迅雷不及掩耳的戰略，派兵迅速進入我國東北。日本東北數十萬駐軍，在蘇聯強大攻勢下，土崩瓦解，迫使日本無條件投降。

當時，重慶國民政府計畫從蘇軍手中將東北全部接收下來，因此，蔣介石特派熊式輝為軍事委員會東北行營主任、張嘉璈為行營經濟委員會主任委員、蔣經國為外交部駐東北特派員。並明令劃分東北三省為九省，任命徐箴、高惜冰等為各省主席。杜聿明被撤銷昆明防守總司令及第五集團軍總司令之職後，離開昆明回到重慶。但在同一天，就發表了任命杜聿明為東北保安司令。

蔣介石當面指示杜聿明：你到長春去與蘇軍接洽，要他們根據「中蘇條約」，掩護國軍在東北各港口登陸，接收領土主權。

杜聿明請示：假如共產黨已先入東北，蘇軍又不承擔掩護國軍接收義務，下一步應該怎麼做？

蔣介石說：你先到南京去見何應欽總司令，問他的意見，再到上海見美軍第七艦隊司令金開德，看他一次能運輸多少國軍？能否掩護國軍登陸？然後到長春與熊式輝、蔣經國一道同蘇軍交涉掩護登陸事宜。第二步計畫，等你從長春回重慶再說。

杜聿明遵照蔣介石的指示，分別與何應欽、美軍司令金開德研商後，即飛往長春，在蘇軍總司令部見到馬林諾夫斯基元帥，同去的有趙家驤參謀長、外交部特派員蔣經國。

馬林諾夫斯基元帥表示極為友好，歡迎杜聿明帶軍隊前來接收，並告知營口尚有部分蘇軍，還給了一份蘇軍位置圖。

當杜聿明到秦皇島同美軍第七艦隊代司令巴貝，乘美艦到營口與蘇軍聯絡時，發現蘇軍已宣布自東北撤軍，營口的蘇軍已經離去，卻被共軍接收，國軍不能登陸。至此，國民黨軍想從蘇軍手中接收東北的計畫，已成泡影。杜聿明認為，要接收東北非用武力才能解決。便與巴貝商議，沿營口至葫蘆島間偵察登陸點，作以後強行登陸準備。

杜聿明急飛重慶，將實際情況面報蔣介石，並請求迅速抽調十個軍，由美艦掩護從葫蘆島或營口強行登陸。可是，蔣介石當時調不出十個軍，僅先派三個軍從山海關打出去。

杜聿明到達秦皇島，即指揮第十三軍、第五十二軍向榆棉的共軍進攻，始得以進入山海關。接著，在第五十二軍第二師長劉玉章以超越攻擊戰略，攻進錦西。

杜聿明所部進占錦州後，蔣介石來電，一面慰勉有加，一面嚴令非有他的手令，不准繼續前進。杜聿明雖然不同意這項指示，但又不敢違抗。

一九四五年十二月十六日，國民黨政府迫於國內、國際的和平建國輿論，與中共舉行和談。中共和談代表周恩來、葉劍英、吳玉章、董必武、鄧穎超、陸定一等到達重慶。國共雙方展開面對面的和談。

此時，杜聿明接到蔣介石密電，大意是：停戰令即下，十三日午夜生效，著各將領務於是日前，搶占平泉等重要城市。

杜聿明即指揮所屬部隊，趕在國共停戰之前搶占了平泉等地，然後在當地停止待命。在停戰期間，加強整訓，補充兵源，並收編偽軍及地方武裝，積極備戰。

杜聿明自發動奪取東北的戰役以來，經常親赴前線指揮，日夜不息，疲勞過度，以致感到腰腿疼痛不能支持，經醫生檢查，認為是腎結核，必須到北平醫治。因此，乘專機秘密住進北平白塔寺中和醫院，割去左腎，他的妻子曹秀清得知後，亦專程趕到醫院照顧。

杜聿明在中和醫院醫病期中，軍統局長戴笠忽然前來探望。由於他與戴笠相交十多年，每次均係自己主動前往相見，這次卻是戴笠親自前來，心中不甚詫異。

杜聿明推測，戴笠必然是銜蔣介石之命，前來探視自己的病情，如果病況嚴重，可能被「換馬」而丟掉「東北二大王」的寶座。因此，對戴笠強調，動手術後，兩週即可出院，即可回東北。

戴笠非常關心替杜聿明主治的醫師，經過深入察視後，認為確寔是位名醫，囑杜聿明安心養病，希望他早日回東北繼續指揮反共戰爭。並決定在東北成立軍警稽查處，同時推荐得力幹部文強任處長，以協助杜聿明的工作。

經過這次接觸，杜聿明深感戴笠是蔣介石的心腹耳目，可以影響他的決定，今後能得到戴笠的支持，前途就有了保障，因此，就安心在醫院養病了。

一九四六年四月十六日，杜聿明病癒回到瀋陽，立即恢復了保安司令長官的指揮權。

當進攻四平之戰正酣，蔣介石看到杜聿明要一舉進占長春、永吉的計畫時，正是全國人民反對內戰，要求和平的壓力下，因此擔心共軍如果在長春頑強抵抗，使戰事持久，造成更大民怨，反不如攻占四平後適可而止。所以特派副參謀總長白崇禧飛到瀋陽與杜聿明會談，結果決定繼續進攻收復長春後，再和共產黨談判下令停戰協議。

杜聿明分別命令孫立人、廖耀湘兩軍，首先進入長春者，將獎賞東北流通券一百萬元。可是，孫立人新一軍未見行動，雖多次督促，仍不從命。但廖耀湘率領部隊遵命進攻，順利攻進農安、伊通等縣。

當杜聿明部攻占長春的同一天，蔣介石也飛到瀋陽，為維護安全，限令在四平的孫立人新一軍迅速去解鞍山、海城之圍，並獲得蔣介石的同意。可是，翌日，蔣介石卻對杜聿明表示：我已允許孫立人軍休息三天，再去解第一八四師之圍。

杜聿明認為戰事如此緊急，還准休息三天，蔣介石這樣放縱孫立人，貽誤戎機，非常不滿，但也無可奈何。

孫立人為什麼不聽杜聿明的命令？其原因是在進攻長春時，將中長路以東劃歸新六軍，因得地形之利，始先進長春，使孫立人的新一軍落在後面，認為不公。加以孫立人為留美學生，倚美國為靠山，早在遠征軍入緬作戰時，係由宋子文財政部稅警團改編為新編第三十八師，於緬甸的彥南陽解英軍之圍立過功。遠征軍撤退時，孫立人沒有聽杜聿明的命令而隨美軍史迪威退入印度，博得美軍稱讚，並多方培植孫立人的威望，支持出任新一軍長。因此，對黃埔出身的杜聿明，不屑一顧。

蔣介石從長春回到南京，與中共協商同意後，即下令東北國民黨軍停戰半個月。同時指示杜聿明，要防範中共利用停戰和談機會，大加擴充部隊，準備反攻。十五天的停戰期滿，國共和談破裂，杜聿明懷著搶奪整個東北的企圖，策定了南攻北守的全盤作戰指導原則。國共兩軍經過多次激戰，國民黨軍逐漸陷於共軍包圍之中，對士氣影響甚大，從此一蹶不振。

杜聿明日夜謀劃，一籌莫展，在壓力之下，以致體力透支成疾，身體不能自如，特上電蔣介石，要求准其先到上海再出國醫治。

杜聿明離開東北後，蔣介石即派陳誠接替熊式輝到瀋陽就任行轅主任，為了便於掌握軍隊指揮大權，同時撤銷了東北保安司令部的機構，調副司令鄭洞國為行轅副主任，保安司令部人員則合併到行轅工作。

九、蔣介石不同意杜聿明去美國醫病

杜聿明因病到上海，原計畫到美國徹底醫治舊疾，但蔣介石不同意，囑其安心在滬治療。一九四八年六月，杜聿明在上海經過一年的療養，身體已康復。此時，國民黨政府中樞人事亦有所變動，原國防部長白崇禧已出任華中剿共總司令，國防部長由何應欽繼任，參謀總長顧祝同繼任，任命杜聿明為徐州剿共副總司令兼第二兵團司令。

杜聿明接任新職，即逢共軍陳毅率領的華東野戰軍大舉進攻濟南。可是，正增兵援濟南時，第八十四師長吳化文卻率部投向共軍，以致濟南失守，而第二綏靖區司令王耀武也被俘，徐州局勢更為惡化。

正當杜聿明為保衛徐州竭盡心力時，共軍卻在東北發動大規模進攻戰役。陳誠接任東北行轅後，雖然大肆擴充部隊，將東北原有九個保安區及十一個保安支隊和交警總隊等擴編四個軍，即新編第三軍、第五軍、第七軍、第八軍，並從蘇北調來原東北軍王鐵漢部隊。

國共雙方軍隊經過多次激戰後，使得陳誠顧此失彼，有難以招架之感。後來，陳誠藉胃病復發，離開瀋陽，蔣介石即派衛立煌接任東北剿共總司令，由於在東北剿共戰事不斷失利，後來又要杜聿明再回到東北。

杜聿明綜合戰情，認為東北難守，所以不願前往。蔣介石當面指示：我已決定要你到東北，應該聽我的命令，趕快去接衛立煌的事。

杜聿明不敢違抗，思索後說：既然校長決心要學生去，學生當然要服從命令，希望校長對東北的軍事、政治、經濟，完全同過去一樣，由中央統一計劃，並盡先補充兵員、裝備，恢復已損失的部隊，才可以完成收復的計劃。

蔣介石聽後就怒火上升而舉起拳頭質問：為什麼共產黨能打游擊，就地籌糧餉，而我們黃埔生不能做呢？

杜聿明辯答：共軍已占整個東北，而我們只有錦西、瀋陽兩座孤城，怎能就地籌糧餉？「巧婦難為無米之炊」，何況學生不是巧婦，怎能擔當如此大任呢？

蔣介石更為發火，站起身大罵：你們黃埔生都不服從我的命令，不照我的計劃執行，怯懦怕戰，這樣我們要亡國滅種的！罵完把手一甩，逕自上樓去了。

杜聿明本想藉此機會避開，但懾於蔣介石的盛怒，不敢輕舉妄動，決定在樓下靜觀其變。等了一個多鐘頭，蔣介石果然又下樓了，臉上怒氣已消，並含笑說：我們再談一談。

杜聿明恭敬站著陳述：剛才學生意見沒有說完全，校長栽培我到東北，在個人講，是衷心感激，也應該服從命令，可是，以國家大計著想，目前我們剿共主力是靠黃埔學生，我應該不計較名利地位，以國家民族為重服從命令，可是……

蔣介石不等杜聿明說完，即打斷「先發治人」地表示：你同衛立煌先到瀋陽，直接命令周福成守瀋陽，廖耀湘帶隊攻打黑山，收復錦州，第五十二軍占領營口，掩護廖兵團後方。

杜聿明只好勉為其難接受。經過各地觀察及與共軍多次戰鬥，情勢顯示共軍馬上會進攻瀋陽。如果瀋陽不保，營口和葫蘆島不從速撤退，一旦共軍展開攻擊，想撤也不可能。因此，決定先到北平向蔣介石面陳，然後再回葫蘆島。

杜聿明回到葫蘆島不久，就得到空軍電話：衛立煌總司令飛機即將到達。

杜聿明同侯鏡如等在機場等候，衛立煌下機慨嘆說：差一點見不了面！

留在瀋陽的剿共副參謀長接著來電指稱：周福成已投共了。其實，周福成並未投降，不過也未抵抗，而是他的部下，降的降，散的散，只有戴朴第二〇七師堅持抵抗而被共軍擊敗，戴本人化裝逃出，於是，瀋陽就被共軍「解放」了。

海軍總司令桂永清奉蔣介石之命乘軍艦到胡蘆島，與杜聿明商決撤退計畫，將部隊撤至上海、南京。然後，杜聿明由錦西機場同空軍人員一起到北平。至此，東北全境被解放，歷時五十多天的國共戰役，國民黨軍隊損失四十七萬多人而告結束。

杜聿明抵達北平，正好下了一層薄薄的雪，天色陰沉，他的心境亦一樣陰沉，他預感蔣家王朝將難保！

十、黃百韜兵團被共軍包圍無法脫困

一九四八年十月三十日，蔣介石指示國防部，策劃集中兵力於蚌埠附近，以擊破共軍攻勢為目的之「徐蚌會戰」計劃，並將徐州剿共所屬各兵團及綏靖區各部隊主力移至淮河南岸、蚌埠東西地區陣地，以攻勢防禦擊退共軍之攻擊，相機轉為攻勢，予以消滅。

計劃擬定後，蔣介石立刻給杜聿明一封親筆信：如果同意此案，希即到蚌埠指揮。

杜聿明雖然同意該項計畫，但以當時的情況，徐州會戰的準備工作確寔比指揮葫蘆島部隊撤退重要得多，然他怕背上「放棄徐州」的罪名，將來遭到輿論的指責，對他個人不利，於是欲藉葫蘆島撤退來拖延時日，等到徐州及其附近的部隊撤到淮河附近時，再到蚌埠指揮，就可推掉「放棄徐州」的責任。因此，向蔣介石回函陳述：同意將主力集結於蚌埠附近與共軍作戰的計劃，但須待葫蘆島部隊撤退完畢後才去蚌埠。並要求將會戰部署由徐州剿共總司令劉峙指揮迅速按計劃實施。

可是，蔣介石並未立即進行此一方案，但在同一時間內，國防部長何應欽召集參謀總長顧祝同開會研討後，所提出的「守江必守淮」的主張。將徐州剿共的一至兩個軍堅守徐州據點外，其他所有隴海線上的城市放棄，集中一切可能集中的兵力於徐州、蚌埠間津浦路兩側地區，作攻勢防禦，尋機與共軍決戰。

何應欽的計畫，蔣介石亦未即時採納實施，拖延一段時日後，始派顧祝同到徐州，召集徐州剿共總部高級軍官會議，才按照何應欽的方案作了部署，各部才開始行動，但已坐失時機。

翌日，也就是一九四八年十一月六日，共軍開始發動強大的攻勢，拉開了淮海戰役的序幕。

抗戰勝利後，國共兩軍戰爭中，最主要戰役為東北戰役、徐蚌會戰、平津戰役等三大戰役，而徐蚌會戰關係到國家安危存亡最大。所以國共雙方均調派善戰部隊參加，以作勝敗。

徐蚌會戰是以徐州為作戰中心，東起海州，西至商邱，北至臨城，南至淮河等區域內進行。

徐蚌會戰，中共則稱為淮海戰役。當時蔣介石派劉峙出任徐州剿共總司令、杜聿明為副司令兼徐州前進指揮部主任。

參加這項戰役的國軍，先後有邱清泉的第二兵團、李彌的第十三兵團、黃百韜的第七兵團、孫元良的第十六兵團，另有第三、四、九三個綏靖區部隊（後改為軍團），中途參戰的黃維第十二兵團。合計有兵力七個兵團、一個綏靖區、以及直屬劉共總部的裝甲兵一個團、砲兵兩個團、工兵三個團、其他零星部隊等，總兵力約八十萬人。分散防守作戰地境內各重要戰略重鎮城市。

中共參加的解放軍，有陳毅的華東野戰軍所屬十六個縱隊、劉伯承的中原野戰軍七個縱隊、豫南軍區、豫皖蘇軍區、陝南軍區、以及地方民兵等，約有百萬人。另有中途參戰的東北林彪部隊約百萬人，合計共有二百萬人之許。

以當時國共兩軍比較，在戰備期間，國軍部隊多半美械裝備，編制人員亦勝過共軍，且配合有飛機、運兵車、坦克車、重炮、海軍艦艇等助戰。而中共軍則善用人海戰法，所使用的近戰武器為手榴彈、槍榴彈等則多予國軍。在戰術與戰法上，中共軍指揮運作極為靈活，常操主動作戰，行動快速，補給就地取材，極為方便。在會戰末期，中共東北林彪部隊入關參與，則共軍兵力居於優勢。

當時國民政府國防部所擬定的「徐蚌會戰計畫」內容是：

方針——國軍為集中兵力蚌埠附近，擊破共軍攻勢達成戰勝之目的，徐州所屬各兵團及綏靖區各部隊主力，移至淮河南岸蚌埠東西地區佔領陣地，以攻勢防禦擊破共軍之攻擊，相機轉為攻勢，予以殲滅。

任務及行動——一、以二個軍守備徐州賈汪，掩護主力轉移。二、各部隊行動，1、新安鎮附近之第七兵團經五河，臨淮關附近轉進。2、徐州附近之第十三兵團、第三綏靖區經過setenta褚蘭、固鎮向蚌埠轉進。3、第二兵團由徐州以西黃口虞城附近，經渦陽向懷遠附近轉進。4、商邱附近之第十六兵團及第四綏靖區部隊，經蒙城向海河街、鳳台間地區轉進。5、總部及直屬部隊，經津浦路向蚌埠轉進。三、各部隊到達目的地後，應迅速佔領陣地構築工事。

指導要領——一、各部隊在行動期間，應派警戒嚴密搜索，掩護主力安全撤退，如遇小部隊襲擊，應迅速擊破，繼續向目的地轉進。二、如遇共軍大部隊來犯，則以一部掩護主力，迅速向目的轉進。三、徐州、賈注守備部隊，在主力轉進期間，如遇攻擊，應利用既設工事奮力抵抗，爭取時間，待主力脫離威脅後，再行撤退。如國軍主力撤退，敵方尚無攻擊行動，仍應繼續守備，並確保徐蚌間鐵路交通。

後來，國防部又將第五項計畫修改為：以二個軍守備徐州，其餘主力集結於蚌埠間津浦路兩側佔領陣地，作強勢防禦與共軍決戰。

上項計畫，是經國防部邀集高級將領研議後，而獲蔣介石核可頒令實施的。

可是，徐州剿共總部認為，徐州到蚌埠約有二百公里，鐵路兩側布署數十萬大軍，而徐州僅留二個軍防守，而一線長蛇陣地排列於鐵路兩側，形成鼠頭蛇尾，一旦敵人攻擊徐州，截斷援軍，徐州危險。但是，命令已達，剿總亦無奈何！

徐蚌會戰展開後，國軍依據情報及情況判斷，共軍有消滅海州李延年部的跡象，國軍剿總即令一百軍迅速增援海州，加強該區防守兵力。但有感海州過於孤立，一旦受敵包圍攻擊，大兵團距離過遠，增援不易，為集中兵力計，復令李延年兵團及一百軍向徐州轉進，並令黃百韜、李彌兩兵團掩護李延年兵團撤退。

黃百韜奉命後，就在新安鎮為掩護李延年兵團撤退而停留了兩天，可是運河僅有一座橋，五個軍同時通過，人員車輛擁擠，爭搶過橋，秩序大亂，部隊等待過橋，毫無戰鬥準備。此時，共軍發覺黃百韜兵團有撤退過河動態，及時追趕奇襲，將國軍掩護部隊打得潰散失敗，黃百韜率主力部隊只好且戰且退，勉強過了運河。

此時，馮治安部隊何基灃、張克俠等叛變投共，共軍即命該投共部隊由棗莊、賈汪南下，會同共軍出擊，將黃百韜兵團包圍於碾莊坪附近。該部先受共軍襲擊，再遭渡運河橋時戰鬥損失，繼被包圍，軍心士氣受到極大影響，同時共軍佔領廣大縱深阻擊陣地，黃百韜兵團陷於此境，既不能戰，又無法脫圍，處處被動挨打，無法出手還擊，苦無自救之法，只有要求派軍解圍出險！

黃百韜軍團在碾莊被圍，完全受到第三綏靖區副司令張克俠、何基灃叛變投共致命的影響。第三綏靖區的部隊是馮玉祥西北軍所練成，但因派系關係，一直受到國軍中央的歧視排斥，抗戰期間，被編為三十三集團軍，抗戰勝利後，又改為第三綏靖區，由馮治安任司令，駐徐州附近。張克俠、何基灃等早年參加共產黨，一直在該團體中活動，引進了不少共黨打入該部，馮治安及國軍早有所聞，由於當時國共合作對日抗戰，故未採取措施，始埋下了無法挽救的禍害。

黃百韜軍團被圍，徐州剿總劉峙總司令一時也想不出解救良策。因此，有人批評蔣介石，徐蚌會戰關係國民黨存亡的關鍵大戰，卻派劉峙為主將，由於他當時年高體胖，行動困難，思維老化，反應遲頓，更難親到前線督戰指揮千變萬化的實際戰況，經常失去戰機，徐蚌會戰當然會失敗。可是，定居德國科隆市的劉峙之子劉滌宏指出，外界對他父親的一些批評，完全不是事寔。

劉滌宏表示，他父親劉峙畢業保定軍校第二期，分別出任黃埔軍校戰術教官、集團軍總司令、第五戰區司令長官、總統府國策顧問等職務。毛澤東於一九四五年十一月五日「國民黨進攻真相」一文章中說，豫鄂兩省解放區軍隊，被國民黨第一、第五、第六等三個戰區的軍隊四面包圍，劉峙任該區剿共總指揮，迫得共軍李先念、王樹強等部無處存身，不得不向豫鄂交界地區覓一駐地，以求生存。充分顯示他的父親劉峙並非如外界所指的「無能」。

姑無論上述對劉峙傳言是否事寔，但是，蔣介石獲悉黃伯韜部隊被圍，又感徐州是南京的大門，如果徐州不保，南京也難守，所以，急命杜聿明負責指揮作戰。

杜聿明臨危受命接指揮權後，始悉蔣介石的作戰命令先一天已到達，但剿總並按命令執行。據參謀長李樹正報告，邱清泉兵團被共軍二野部隊牽制無法抽調。孫元良兵團尚未到達徐州以南地區。黃伯韜兵團渡運河損失甚重，現停留在碾莊坪附近，糧缺彈盡，攻守均成問題。李彌兵團掩護第七兵團後退到曹八集而被共軍消滅。不老河北岸共軍集結大部隊，對徐州壓力極大。

參謀長雖然提出大致戰情報告，但也說不出對抗共軍的方法。杜聿明在既不知己、又不知彼的情形下，也無法立即進入指揮情況。他認為，「不能知彼」，原因是國軍本身腐朽，指揮機構無能，而最主要為國民黨失去民心，得不到民眾支持，無法獲得確實情報協助，甚至以虛報實，以少報多，迷惑國軍，作成錯誤判斷，造成不利後果。

杜聿明根據各主管報告，加上有關資料研判，在深入明瞭實際戰情後，即令邱清泉兵團主力星夜向徐州東南之張樓附近集結，李彌兵團集中於徐州以東賀村附近，然後以各兵種聯合作戰向共軍展開攻擊。

國共兩軍戰鬥後，李、邱兩兵團各有進展，預計一週內可推進到碾莊附近，解黃百韜之圍。此時，共軍增援部隊越打越強，極力阻止國軍解圍行動，且發揮了夜間攻擊之長處，國軍各兵團陣地有突破情況。雙方經過反覆爭奪，國軍急調預備隊星夜趕至潘塘鎮附近，從右翼向共軍左翼實行迂迴包圍，並在空軍、砲兵掩護下，激戰終日，於黃昏後將共軍第一線部隊擊潰，邱清泉以兵員不多的預備隊奮勇前進下，始穩定了國軍戰局。

此時，蔣介石卻聽信「小人」報告，指邱清泉保持實力，按兵不動。因此，一面電斥邱清泉，一面派顧祝同、郭汝瑰到徐州督戰。

顧祝同到徐州就問：共軍不過兩三個縱隊，國軍卻有兩個兵團，為什麼還打不動？

杜聿明分折，因每一村落據點，都得經過反覆爭奪，所以進展遲緩。但對解黃百韜軍團之圍，仍有信心，但不願公開攻擊的細節。

在顧祝同總長追問下，杜聿明始單獨邀顧總長到小客廳說明。因為懷疑各次戰役失敗，非部隊不能打，而是統帥部有問題，其原因可能郭汝瑰與中共有聯絡，如果被郭汝瑰知道作戰計畫內容，不但作戰會失敗，而且徐州也危險。

黃百韜將軍是參謀總長顧祝同的心腹大將，原任二十五軍長，該軍在抗戰期間，因中共新四軍不聽指揮，奉令執行繳械任務，順利完成解散了新四軍而立下汗馬功勞。一九四八年豫東會戰，第七兵團司令官區壽年被俘，顧祝同力保黃百韜升任第七兵團司令官。該兵團全係美式裝備，訓練有素，堪稱國軍勁旅。此次被共軍包圍在碾莊，除受第三綏靖區張克俠、何基灃叛變影響外，主要為劉總憂柔寡斷，延誤下達命令時效所造成。

事後軍事專家研討，如果當時在共軍陳毅率主力十幾縱隊南下，尚離新安鎮一百多里路程時，國軍應即令黃百韜兵團迅速西行集結徐州，不該令黃百韜兵團原地停止等待援軍，浪費了寶貴的兩天時間，貽誤良機，而且為救一個軍卻損失了五個軍，實在是項錯誤的判斷。再者黃百韜兵團被圍之初，劉總即應乘共軍部署未完成而兵力尚薄弱之際，即時抽調邱清泉兵團前往解圍，則情勢可能大為改觀。不該使黃百韜兵團在原地等待被圍十多天後，再增援解圍，已失去戰機，如此作戰指揮，那有不敗，劉總主事者及參謀人員，實應負失敗之重責。

徐蚌會戰失敗，原因雖多，但在戰役緊要關頭，部份部隊陣前「起義」或投降，影響最大。因為導致整個軍心士氣動搖，破壞了作戰部署計畫。如馮治安兵團的張克俠、何基澧在賈汪投降，截斷了黃百韜兵團退往徐州道路，協同共軍殲滅了黃兵團。再如濟南戰役的吳化文「起義」，導致濟南失守。其次黃維兵團在雙堆積戰鬥時，所轄的廖運周「起義」及黃子華陣前投降，使十二兵團失去有力的防守部隊，全部陣地敞開，導致黃維兵團被消滅。在陳官莊被圍戰役中準備突圍的前一天晚上，防守胡莊附近的七十二軍副軍長譚心，威迫軍長余錦源簽署放下武器投降，導致防線缺口，共軍由此缺口長驅直入心臟地帶，頓時瓦解了國軍防禦體系，亦洩露了國軍突圍企圖和計畫，以致二十萬大軍被消滅。

為何在戰爭關鍵時刻，會有「起義」及投降事件發生呢?事後檢討，認為主要因素是：

——起義的部隊，全係雜牌兵團，如收編的偽滿軍及地方部隊，一直受到國軍中央歧視、排斥、不信任、不公平的待遇，在使用上，採取利用，消耗政策，欲藉戡亂戰爭使這些非嫡系部隊逐漸瓦解，引起反感，憤憤不平，興起另謀出路異心。

——這些部隊，經各次戰役傷亡，國民黨政府未曾補充人員武器，同時愈編愈小，前途黯淡，只有另謀前途。

——受中共宣傳，鼓勵起義優待晉升的政治號召的影響。

——潛伏的中共情報人員，從中挑撥煽動。

——國民黨的人員貪污腐化，失掉民心。

十一、國防部次長劉斐竟是中共潛伏「間諜」

黃百韜兵團被共軍殲滅後，徐州外圍據點可說全部失落共軍之手。徐州剿總撤退蚌埠，杜聿明則率領前進指揮部及剿總辦公室主任郭一予所領的後勤人員留在徐州。此時，徐州社會大亂，居民人心惶惶，大有禍患臨頭之感。

徐州周邊仍有邱清泉的二兵團、李彌的十三兵團、孫元良的十六兵團、以及砲兵團、裝甲兵團、憲兵團、工兵團等部隊，合計約有三十五萬兵力，另有其他後勤支援單位，約有三萬人。

尤其是邱清泉、李彌兩兵團，都是美械裝備，戰鬥力很強，但經過三年剿共各項戰役，人員未能按編制補充，缺額甚多。孫元良軍團則為中式裝備，戰鬥力稍弱。

中共軍隊有二、三野計四十萬人。國共部隊相比，兵力不相上下，但中共有後續增援部隊，國軍卻無兵力增援，故處於劣勢。

如果以戰力而論，國軍並不輸於共軍，就以邱清泉兵團來說，該軍團在魯豫皖各戰役中，無役不勝，曾以一營兵力擊潰共軍一個師的戰蹟，並俘虜八千多人的紀錄。當時被共軍所稱「新五軍」的邱清泉兵團，在各次戰場上，共軍有個口號：「逢新五軍不打」，可印證國軍作戰的戰力。

在徐蚌大戰前夕，杜聿明奉召到南京開會，返回徐州機場時已近黃昏，因機場夜航設施已奉令轉運到蚌埠，致使光線不足，無法降落，機場主管為求安全，要求專機回南京，明天再返。經請示後，南京國軍中央有鑑軍情緊急，指示機場必需設法使專機落地。於是，徐州機場只能使用探照燈，並調集大量汽車排列以車燈照亮機場跑道，始使杜聿明專機平安降落。

蔣介石在南京召開的這項關鍵性軍事會議，杜聿明尚未返回之前，中共廣播電台就不斷播出消息：杜聿明到南京會議，蔣介石決定放棄徐州，撤退到蚌埠。

杜聿明聽完參謀長舒適存報告後，大為驚訝表示：今天開會，會場只有蔣總統、顧總長、劉峙總司令、國防部次長劉斐和我五人，何以會洩密？

這件消息外洩事件，引起杜聿明非常重視和警惕！因為他聯想到東北時，每次戰役在緊要關頭召開緊急會議，蔣介石所決定在執行前夕，中共均能在事前播出，對國軍作戰策略行動及社會安定，都有不利影響。

徐州是戰略重地，也是古今作戰必爭之地，在地形上有利防守，以當時國共兩方兵力而論，國軍防守應無顧慮，而且儲有足夠徐州一年所需的糧彈，並有堅強的工事，如果堅守徐州，等待時局變化，或者調集兵力在徐州決戰，亦不失為上策。

軍人以服從命令為天職，蔣介石既然決定放棄徐州，杜聿明只有無可奈何的全力執行。

雖然放棄徐州決定已外洩，共軍當然會準備截擊，杜聿明認為能避開截擊，即有安全成功撤退。在常理上而言，幾十萬大軍裝備撤退，必然選擇鐵公路沿線行動較為便捷，而共軍將在鐵公路兩側部署兵力等待截擊，亦是意料中之事，為避免被截擊，決定不走鐵公路正道，而選擇共軍難以推測的崎嶇難行之撤退途徑，使共軍措手不及進行截擊，而國軍藉機從速達到目的地。

當清晨展開撤退，一切尚稱順利。翌日，國軍繼續轉進中，得悉第二兵團派出在孤集四堡的掩護部隊之李屏南師被共軍包圍攻擊，師長陣亡，全師被消滅，僅有副師長李漢秋等，突圍逃出。邱清泉獲報後，要求准許率軍前往，以報一箭之仇，杜聿明為使大軍能依命令平安達到目的，所以勉勵安撫外，依然要求繼續進行撤退任務。

可是，蔣介石此時以親筆函，指示杜聿明停止轉進，應向濉溪口攻擊，協同蚌埠李延年兵團南北夾攻，解黃百韜兵團之圍。

杜聿明即遵照指令，停止向永城蚌埠間撤退，並向濉溪口進攻。杜聿明與舒參謀長私下研議時，感慨蔣介石對共軍企圖、兵力、戰力等，並不徹底了解。而國防部擬定一些重大作戰計畫，有些狀況亦矇蔽了蔣介石，有時只報喜不報憂，使他經常作出錯誤決定。

當時，杜聿明研判，黃百韜兵團所對的共軍約二個縱隊，也是被國軍擊潰脫逃的共軍，以兵力論，黃百韜兵團有足夠力量對戰及防守原地，應俟劉總所率部隊將黃河南岸擊潰之共軍收拾完畢，再前往增援。可是，黃百韜見增援尚未到，就從新調整部署，因部隊在移動中，使共軍有機會攻擊，造成形勢混亂而導致失敗。

當杜聿明放棄收拾敗潰共軍成果而轉往增援途中，不料黃百韜兵團在數小時內就被共軍擊垮，僅黃百韜等少數人逃出。

事後，黃百韜在南京召開的軍事會議中，訴指邱清泉兵團見死不救，違抗命令，要求嚴懲。杜聿明因軍情緊急無法到南京參加該項會議，上級僅憑一面之詞，將邱清泉撤職。

杜聿明認為，這都是國防部次長劉斐所安排，目的除打擊他個人外，也打擊邱清泉兵團士氣。同時將有過錯的戰敗之將黃百韜竟然還得了青天白日勳章，而有功勝戰的邱清泉卻撤職，導致國軍非常不滿。但在徐州局勢危急之時，經杜聿明力保下，蔣介石始同意邱清泉復職，重新出任第二兵團司令官。

事後證明，杜聿明所懷疑是正確的，因為國共和談時，劉斐為國民政府代表之一，抵達北京卻叛變投共。毛澤東在慶功宴中，曾稱劉斐是中共的無名英雄，才揭開了劉斐是潛伏在蔣介石身邊的「匪諜」。因此，軍事專家認為，在大陸各次戰役導致國軍失利，並非國軍戰力差、士無鬥志，也非共軍能征慣戰，而是敗在「情報」上。難怪杜聿明曾長嘆：如果戴笠將軍在世的話，國軍可能不會如此的慘敗！

十二、大雪紛飛二十二天導致國軍徐蚌會戰失敗

撤退的國軍離開徐州已有五天，所攜帶的糧食已用罄，彈藥也消耗所剩無幾，杜聿明急電要求蔣介石從速空投補給，以利繼續作戰。可是南京答覆：無糧彈可投。剿總再急電要求南京從速空投糧彈，否則無法繼續作戰。

南京方面終於派飛機進行空投，第一天投下兩大箱金元券鈔票，要剿總國軍就地採購糧食補給。使得剿總官兵啼笑皆非，因為大軍在空無一物的曠野行軍戰鬥途中，向誰去購買？到何處去購買？投下的鈔票如同廢紙，南京的主事者，真是把作戰當兒戲！

杜聿明在忍無可忍之下，再電向蔣介石陳述，南京方面於是再派飛機投下每包三十公斤的大米四十包，由於飛機在二千公尺高度進行空投，以致米包散落面很廣，有的甚至飄流落於共軍陣地，國軍收集的空投大米，僅可供大軍一餐稀飯而已。

這時，共軍已知悉國軍的困境，更了解國軍企圖從東、西、北三面進攻。經過兩天的激戰，國軍第二兵團進展至青龍集、陳官莊以南，而第十三、十六兵團的掩護陣地，已有數處被突破，形勢可危。

剿總在研議戰況時，孫元良表示，目前共軍的東北野戰軍已南下，國軍攻擊進展遲緩，掩護陣地又多處被突破，再戰下去，前途不樂觀，現在突圍尚有可能。「將在外，君命有所不受」，現在只有請主任獨斷專行，才能挽救大軍。

杜聿明認為，「將在外，君命有所不受」，如果三天前大家同意這句話，就可全軍而歸。現在再做，恐怕為時已晚，如果勉強做，既違命令，全軍亦難保能脫困。

剿總有關人員分析，徐蚌戰役陷於進退兩難局面，主要是蔣介石一再變更決心之下所造成，而且對共軍估計過低，將國軍估計過高，幻想不增加兵力，南北夾攻，打通津浦路徐蚌段，繼而見共軍聲勢浩大，戰力增強，又下令放棄徐州，以僅有的國軍殘部保衛南京。等到徐州國軍撤離後，又被共軍戰略運作而迷惑，誤認共軍撤退，再改變決心，令從徐州退出的國軍回師進攻共軍，協同李延年兵團解黃維之圍，以致黃維兵團被套在共軍既設的口袋內，被重重包圍，戰力日漸消耗，包圍圈逐漸縮小。當蔣介石獲悉從徐州撤出國軍無法擊退共軍，又命令黃維在空軍掩護下突圍，而黃維則認為白天突圍危險，因而拖延翌日空軍無法掩護的夜間突圍，以致在共軍強大包圍內瓦解，除胡璉等人乘戰車脫身外，全軍被消滅。事後，蔣介石還指黃維不遵命在空軍掩護下突圍，而擅自夜晚行動，是自尋死路！

杜聿明聽取各兵團指揮官的報告分析後，然後決定國軍繼續推進三十里，縮短靠近永城距離，可免孤軍孤立之險，避免共軍全面包圍，同時電報國防部核准，接著行動。可是，不久高樓方向槍聲密集，炮火連天，劉總判斷孫元良兵團已在突圍，一小時後，劉總接到電話，證實孫兵團已正面突圍，但是，突圍發動後，即被共軍包圍繳械，陣地內外形成混亂狀態。

接著十六兵團參謀長熊順義冒險到劉總報告，十六兵團突圍前，既未偵察突圍路線，也未策劃突圍計畫，就貿然開放突圍破口，全兵團只跟隨孫元良的吉甫車突圍，前面突圍出去部隊全被共軍繳械，後面尚有萬餘官兵，見情況不妙，立刻停止突圍而在原地堅守，要求從速安排尚存之官兵。

劉總立即將十六兵團尚餘官兵編成一個師，撥歸七十二軍指揮。同時也獲知，僅有孫元良等少數人突圍脫困，當他回到南京，國防部認為孫元良臨陣脫逃，應治死刑。後經杜聿明將實情陳述，孫元良始免於治罪。

杜聿明決定以邱清泉第二兵團的預備隊、前往孫元良兵團突圍失敗所留下陣地的缺口駐守，並從新調整部署邱清泉、孫元良兩兵團兵力，繼續向共軍攻擊。但深感共軍抵抗日見增強，解黃維兵團之困，可能希望不大，而這項戰役又關係到南京安危，也關係到國家存亡，因此向蔣介石建議，速從西安、武漢、南京抽調大軍與共軍決戰。

蔣介石在覆電中指示，無兵可抽調，望不要存幻想增兵，希即督導邱、李兩兵團奮力攻擊前進，解救黃維兵團之圍。

當杜聿明奉命督率各兵進攻之際，突接劉峙總司令由蚌埠來電，指黃維兵團已突圍，情況尚不明。李延年兵團已撤回淮河南岸。

劉總為指揮連絡方便，即移往陳官莊，與邱兵團司令部同住一村。可是，國軍此一防守陣地，地形平坦，一片黃土平原，無險可守，對防禦作戰非常不利。因此，杜聿明命令各部隊就地加強陣地作戰工事，以改變不利地形。

平原構築工事，本來就是件危險動作，加以工材缺乏，進行非常困難，但為了生命安全，國軍還是冒險進行。

在此艱困緊張之際，共軍除了增加兵力壓境外，並展開了宣傳攻勢，除了不斷廣播勸國軍官兵「陣前起義」外，並由陳毅親筆函向杜聿明「勸降」。

杜聿明立刻將陳毅勸降函親自交給邱清泉，他看了一半就將信撕掉燒了。因為杜聿明認為邱清泉是蔣介石派來牽制他的人，與他相互矛盾不斷，有時還正面衝突，所以特地將此信給邱清泉過目，以試探他的態度，他一句話都未說，就把信撕了，充分顯示他對國家忠心，對自己信任。

當共軍停止攻勢而將國軍圍困中，空投補給僅施行兩天，就因天氣變壞，雲層濃厚，能見度只有二百公尺，難以繼續進行空投補給，加上共軍不斷喊話宣傳攻勢，使國軍官兵鬥志有動搖趨勢，同時潛伏匪諜藉機造謠煽動，造成部分意志不堅的官兵向共軍投降，使得國軍上下猜疑，惶恐不安。

也許國軍天命所註定，就在天有不測風雲之下，國軍在陳官莊被圍的天空，卻飄下鵝毛大雪，大地黃土平原變成白銀世界，白雪堆積達五寸，氣溫隨之降到零下五度。當白雪初飄時，多數生長南方未曾看到雪景的國軍官兵，甚為高興，可是氣溫到達天寒地凍階段，缺乏禦寒裝備，官兵就叫苦連天，紛紛裹著棉被軍毯躲進戰壕裡，盼望大雪早停，可是，這次致命的大雪，竟連續下了二十二天。當地民眾表示，這樣不斷所下的大雪，八十二年來所僅見，國軍敗亡，真是天命所註定。

國軍被共軍圍困的前後四十天裡，嚴重缺糧缺彈，其中雖有空投，可說是杯水車薪，無濟於事。尤其在大雪不斷的二十二天內，因天氣惡劣，空投全停，開始向民間尋找存糧，繼而宰殺軍馬充飢，最後連騾馬皮、野草樹皮也未放過，官兵已是苦不堪言

二十二天飄大雪期間，只有兩天停降，天空雖烏雲密佈，能見度僅五百公尺，但為救國軍燃眉之急，空軍冒險進行盲目空投，被包圍國軍雖獲得幾十包大米，此時卻處於嚴重缺水無燃料之際，只有望米興嘆，有些官兵受飢餓所迫，勉強口食生米，結果上吐下瀉，士氣大受影響。

在無水情況下，官兵只好以雪洗臉、刷牙，口渴吃雪、肚子飢餓難挨時也吃雪，這真是國軍難忘的經驗！

國防部為了使氣候惡劣下空投物資能準確落在預定陸地，特設法由美國調來雷達，並臨時訓練三個傘兵攜帶降到陳官莊，可是一著陸地，雷達受到撞碰而故障無法使用。

大雪下了二十二天後，天氣始漸轉晴，開始空投，飛機避開共軍炮火，所以飛得甚高，投下糧彈，滿空四散，國軍互相爭奪，發生械鬥，有的指剿總指揮部不公，偏向邱清泉兵團，因而一次空投補給，分到各部隊，每日不足不飽，使得軍心更為離散。有次空投，竟投下萬份黃百韜烈士紀念冊和大批南京「救國日報」，報載中共將蔣介石、何應欽、杜聿明列在四十二名頭等戰爭罪犯名單之消息，被包圍在陳官莊的國軍官兵拾到這些宣傳品，破口大罵，因為他們要吃飯，投這些廢紙有何用？

杜聿明經過與共軍、天氣日夜搏鬥後，舊疾復發，體力不支，邱清泉將實情報回南京，蔣介石即回電杜聿明：聽說吾弟身體不適，如果屬實，日內派機接弟回京醫治。

杜聿明對邱清泉表示，拋下數十萬將士隻身逃走，決不忍心。隨即覆電蔣介石，陳述雖有殘疾在身，行動維艱，但不忍拋棄數十萬忠勇將士，一息尚存，誓效忠到底。

一九四九年一月一日，蔣介石宣言和平，並派代表與中共和談。同時命令杜聿明照原空軍掩護突圍方案實行，即日起投足三日糧彈。

杜聿明始終認為突圍不會成功，坐戰車一個人逃走還有可能，但是遺棄官兵，落得萬人罵名，不如繼續守下去，再拖十天半月，等到蔣介石下野，屆時也對得起他，亦可向共軍談判，保全官兵生命，也對得起部下，中共要辦戰犯，只辦他一人好了。

剿總指揮部李少將參議，是顧祝同的親信，能言善道，喜發謬論，社會經驗豐富，同僚遇有難題，多求教於他，因而大家稱他「智多星」。他對南京空投報紙和紀念冊，有另一種看法，他認為黃百韜為國殉職，中央發行紀念冊紀念他的功勛，投送到陳官莊來，目的是向杜聿明暗示，你要戰死，也會得到同樣的紀念。至於空投來的「救國日報」，因載有中共已將杜聿明列為戰犯消息，等於判了死刑，間接告知杜聿明，如果被共軍逮到，必殺無疑，目前你只有一條路，為國民黨賣命效力，才能夠生存。

李少將參議接著分析，蔣介石做人的性格，我跟他身邊二十年，非常了解。他是一個多疑者，除了浙江嫡系外，對誰也不放心，時刻防範，只有在危急需你效命時，則稱兄道弟拉攏，他這套權術，不少人上當，現在被大家識破已不管用了。

杜聿明正苦思對抗共軍攻擊之際，蔣介石特派空軍總部第三署副署長董明德等飛到陳官莊，攜帶徐蚌會戰航空照相圖和杜聿明研究突圍計劃，參與這項會議為軍長以上人員，也有個別師長參加，經與會人員深入研議後，決定以下問題——

突圍目的：蚌埠南各兵團，自黃維部被消滅後已無力應援，別處調兵也無希望，剿總部隊孤立無援，久撐勢不可能，唯一的辦法就是靠自己突圍，能救多少算多少，比等待被消滅較好。

實施突圍時間：準備空投三日足用的糧彈後，即展開突圍行動。

突圍方面：主要從西面突走，這是根據研究航空圖決定的。但第五軍的師長們卻不同意只走一個方向，理由是部隊太大，一個方向出去容易被共軍截擊。因此主張四面開花，同時突圍。

突圍部署：坦克、炮兵分給邱清泉、李彌兩兵團使用。第十三兵團在右，第二兵團在左，並肩同時突圍。

突圍方法：空軍動員一百架次飛機，掩護地面部隊行動。地面部隊按時準備好，將聯絡符號標示在第一線，此時，飛機臨空先使用甲種（毒氣）彈轟炸共軍陣地，轟炸完後，帶有防毒面具的第一線部隊即向預定方向突擊，打開一個缺口後，第二線部隊即跟著突進。以後使用戰鬥機群分批掩護，部隊到那裡，機群即掩護到那裡，一直到達安全區為止。

一九四九年一月九日，天氣放晴，上午國民黨的空軍不到十架飛機，在國軍被圍的陳官莊上空盤旋約十分鐘，撒下一些煙霧，聯絡台指出，這就是按照計劃所施放的毒氣，可是，事先並沒有與地面部隊取得聯絡，因此，國軍地面部隊既無準備、也無行動，由此證明空軍所謂動員一百架次飛機掩護計劃，並沒有兌現，影響突圍行動甚大。

當天晚上，已休整二十餘天的共軍，對包圍圈內的國軍發動浩大攻勢，壓縮包圍圈，動搖了國軍內部的指揮系統，激戰午夜，國軍第十三兵團全線崩潰，青龍集、朱樓亦被共軍占領。

此時，國軍第十三兵團已無立足之地，殘部紛紛潰散於第二兵團陣地附近。第七十四軍指揮所門前已有亂槍聲。第七十二軍聯絡電話線割斷無法聯繫，據說軍長譚心正和共軍談繳槍條件。

邱清泉此時亦來電話表示，李彌兵團已垮，共軍已突進到飛機投擲場附近。

剿總獲悉上述情況，明瞭突圍已不可能，杜聿明回到陳莊第五軍司令部，命令指揮部及戰車等部隊在陳莊以西集結，期待翌日在空軍掩護下突圍，可是一進陳莊，共軍的炮火即跟蹤而至，立即進入掩蔽部，李彌、邱清泉、熊笑三亦趕至，同聲要求夜間突圍。

杜聿明則堅持遵照蔣介石指示翌日上午突圍，李彌等認為白天突圍無希望。

在雙方爭執下，杜聿明只好表示：你們既然堅持夜晚突圍有利，我們就分頭進行，以免讓共軍一網打盡！

於是，杜聿明向蔣介石發出最後一封電報，陳述各部隊已混亂，無法維持到明天，只有當晚分頭突圍。

接著，杜聿明即命剿總人員將戰車直屬部隊集合，並將重要文件燒毀待命！

第三章　國軍各將領指出徐蚌會戰失敗內幕

徐蚌會戰，因國共雙方均調集最堅強陣容及精銳兵力，作孤注一擲的存亡豪賭。以國軍而言，有美式裝備，並有飛機助戰，勝利希望較共軍為大，可是，國共會戰期間，二十二天大雪不斷，導致國軍的飛機無法出動，戰車又不能在深厚積雪上活動，以致國軍被共軍包圍難以動彈。加上中共情報人員潛伏在蔣介石身邊，重要決策執行前就被洩露。而且重要指揮將領勾心鬥角，互不信任。更嚴重的是蔣介石疑心重，不能將軍權下放，且調不動部隊增援，以致國軍一敗無法收拾，使得國民黨無法在大陸立足。

徐蚌會戰前後的國軍高級將領認為，國軍失敗，綜合約有下述各點——

一、國防部中將廳長郭汝瑰指出：南京統帥部勾心鬥角

一九四八年十月徐蚌會戰前夕，國軍的優勢漸失，國防部長何應欽、參謀總長顧祝同為了保持半壁河山，特召集劉斐、蕭毅肅、郭汝瑰等研究中原作戰計劃。

何應欽、顧祝同一致認為，應誘導華北剿總以主力保持於津沽地區進行持久戰，以牽制共軍東北野戰軍，以改變中原地區的不利形勢。當時國軍中原地區剿總劉峙及華中剿總白崇禧分別掌握，相互協作很差，蔣介石原想以白崇禧統一指揮中原各軍，後因蔣介石、陳誠、顧祝同等不放心白崇禧，所以另設徐州剿總，任劉峙為總司令，以分減白崇禧之兵權。

半年後，何應欽認為劉峙僅有「福將」之名，而無指揮能力，所以又提出徐州剿總應由白崇禧接任，由於何應欽本是蔣介石的嫡系將領，後來因蔣介石疑忌何應欽而信任陳誠，所以拉攏白崇禧藉以打擊陳誠。

可是，白崇禧卻堅不接受，主要原因，是白崇禧害怕蔣介石設下圈套，計畫徐蚌會戰失敗時委過於他。而且此時，美國企圖支持李宗仁，欲藉機逼蔣介石自動下野，因此白崇禧為了支持李宗仁，存心拖垮蔣介石，所以使能力不強的劉峙繼續指揮下去。

南京統帥部內的將領如此勾心鬥角下，加上美國從中加油加醋運作，徐蚌會戰當然是共軍從中獲利。

再者，毛澤東曾在勝利大會公開表示，劉斐是中共的無名英雄，始揭開了劉斐是中共派在國軍內的間諜。

劉斐潛伏在國軍裡，不但已升至國防部次長，而且還是蔣介石身邊的親信，所以一些國軍最機密作戰會議他都參與，作戰布署及策略，更是明瞭，以致國防部的命令還未出門，共軍就知道國軍的一切動作，甚至事先將國軍機密作戰內容向新聞界發布廣播，對國軍民心士氣影響甚大。

劉斐甚至以蔣介石招牌，有時傳達假聖旨或「拿著雞毛當令箭」，分化國軍將領並藉機製造相互矛盾、猜疑，時機成熟，則由共軍潛伏人員，在國軍中相機鼓動，所以在戰役關鍵時刻，部份國軍就陣前起義或投降，對國軍作戰意志影響至大。

當徐蚌會戰的杜聿明所率國軍被圍待援之際，蔣介石唯有從華中剿總方面抽調兵力向西北進攻，但遭白崇禧百般阻撓。最後欲使用糜爛性毒氣彈，但交通部長俞大維提出警告：「糜爛性毒氣彈，國際公法禁止使用」，結果始改投催淚彈。

此時，美國駐華大使司徒雷登出面，建議蔣介石交出軍政大權，以作和談準備。接著，白崇禧、程潛也發出請蔣介石下野的電報。

一九四九年一月十日，杜聿明在徐蚌會戰的部隊，被共軍全部消滅，杜聿明僅率少數人員突圍逃走！

二、剿總副總司令宋希濂說：蔣介石與白崇禧互相較勁

一九四八年十月，宋希濂將兵團司令部移到荊門時，蔣介石卻發表他接任徐州剿總副總司令。該剿總所轄有邱清泉、孫元良、黃百韜、李彌四個兵團。

宋希濂深知，李彌是舊部，人頗渾厚。黃百韜也較為踏實。孫元良為人虛偽狡詐，個人利害看得超乎一切。邱清泉驕橫跋扈，狂妄自大，向來目空一切，曾在豫東戰役時，連蔣介石的親筆命令都拒不執行。因此暗忖，孫元良和邱清泉兩人要小心應付。

一九四八年十一月六日，華東共軍迅速南下，在碾庄坪地區截住了西向徐州靠攏的國軍黃百韜兵團。中原共軍野戰軍之一部斬斷了國軍交通中樞津浦路的徐蚌段，控制了徐蚌間廣大地區，另一部向隴海路碭山地區實施鉗擊，割裂了商邱劉汝明綏靖區和碭山邱清泉兵團之間的聯

繫。南線徐蚌間的共軍，又由南向北，直逼徐州，迫使邱清泉、孫元良兩兵團南面迎抗，不敢東援黃百韜。

徐州被包圍時，蔣介石已無可調增援之部隊，所剩下的僅有白崇禧的兵團，蔣介石即派宋希濂與白崇禧相商增援事宜。

白崇禧表示：目前的情勢確寔是很危險，東北幾十萬大軍已被消滅了，而且這些部隊大多數是美械裝備，共軍獲這批精良武器，兵員有的是，很快就可組成尖銳新部隊。而且東北工業發達，物產豐富，更可大力支援軍事。不僅如此，中共後面還有俄國人幫助。林彪大軍一進關，局勢就更不好辦了！

宋希濂問：總司令看林彪大軍，馬上要進關？

白崇禧答：我看很快會進關來奪取平津，因為共軍林彪部隊的主力，實際上早已在錦州一帶集結了。

接著，白崇禧就把話轉到要對宋希濂要說的重點：徐州方面，黃百韜兵團已在碾庄坪地區被消滅了，徐州被圍，黃雄兵團亦已在雙雄集附近地區被圍，正戰鬥激烈。現在蔣總統電召你到南京，一定是要調你的兵團東下增援。這樣，武漢僅剩下一個張淦兵團等，是沒有多大戰鬥力，你的部隊再調走，武漢地區就顯得空虛。而共軍陳毅、劉伯承兩個野戰軍，合起來的兵力在一百萬以上，還有許多地方武裝力量。所以，就是把你的隊伍調去，恐怕也無法能解除徐州之圍，而且時間上恐怕也來不及了。

宋希濂試探地問：總司令，依你之意應該怎麼辦才好。

白崇禧起身走到掛在牆上一幅大地圖前，用手一面指著地圖要點，一面帶著自信語氣強調：我們如保有武漢，必要時可與中共進行和談。即使萬一武漢保不住，亦可退據湖南、廣西、雲南及四川一帶，國際局勢一定會起變化，我們將來可得到大量的援助，主要是美國方面，則前途大有可為。

宋希濂聽完白崇禧的話，終於明瞭他的如意算盤，他期望蔣介石僅存的兵力在徐州被共軍消滅，屆時蔣介石被迫非下台不可。當蔣介石退後，李宗仁自然取而代之。這也正是中華民國至南京選舉總統、副總統時，桂系使用各種手段和大量金錢，一定要李宗仁當選副總統的目的。

一九四八年，李宗仁當選副總統後，桂系如虎添翼。白崇禧利用當時風雨飄搖局勢，以指揮便利為藉口，將指揮所移駐武漢，如此，就形成白崇禧和程潛的兩個高級指揮機關，而指揮權則掌握在白崇禧的手裡，進一步就是要逼走程潛而佔有武漢地盤。蔣介石對此毫無辦法，最後只有將武漢行營撤銷，將程潛調為湘贛綏靖公署主任兼湖南省政府主席，以牽制白崇禧。

當白崇禧取得武漢地盤後，日益圖謀倒蔣，使李宗仁扶正。當時除了握有張淦兵團四個軍的桂系基幹部隊外，還多方拉攏河南省主席兼信陽綏靖區司令官張軫，同時在政治上，則竭力籠絡湖北、河南、安徽等省的參議員。

桂系的李宗仁、白崇禧等早就想使蔣介石集團與中共衝突打起來，等待雙方打得精疲力竭，兩敗俱傷時，桂系集團就可從中獲利。

經過兩年多的國共戰爭，蔣介石的力量是削弱了，但是主力尚未完全消滅，白崇禧知道蔣介石最後的本錢，只剩下胡宗南集團、邱清泉兵團等，期盼這些部隊借用共軍予以消滅，所以，白崇禧從中百般阻撓，不願支援徐蚌會戰方面解圍動作。

蔣介石與白崇禧為調兵增援問題，正面在電話中爭執衝突，是為第二軍調動事件。當時第二軍陸續到達沙市集結，待輪開漢，其先頭部隊第九師已先後到漢口，正在上輪東運之際，白崇禧突派親信率警衛團將輪船看守，不許裝運。

國防部和顧祝同不斷電報構通商議，都被白崇禧頂回，任何好話疏解，均無轉圜餘地。由於東線戰況緊急，盼望救兵如救火，但是武漢方面卻是多方留難。蔣介石在忍無可忍之下，只好親自拿起電話，壓低火氣向白崇禧說明東線戰況的需要，讓第二軍即刻上輪東下。

白崇禧在電話中回答：武漢重要，華中地區部隊也很少，不能再調。

蔣介石火氣亦難控制，大聲指責白崇禧不服從命令。

白崇禧也不示弱強調，合理命令我服從，不合理的命令我不能接受。

結果，白崇禧命令集結在沙市的第二軍部隊不許開漢，同時並指示已到漢口的第九師仍返回沙市，如此，其他的部隊自然更不能調動，蔣介石增援解徐州之圍也成泡影，對徐蚌會戰成敗影響頗大。

宋希濂接受蔣介石面示，前往沙市進行新部隊成立事宜，途經漢口時，白崇禧突然到他下楊處，兩人見面後，白崇禧即邀他到自己住所長談。

白崇禧表示：現在局勢已經變得更壞，黃維兵團十多萬人已被消滅，共軍的力量也隨之擴大。杜聿明所率的兩個兵團，恐怕也是凶多吉少。華北方面，天津已被共軍佔領，北平附近的傅作義部亦成了甕中之鱉。可以說，目前國軍已經沒有能力再進行決戰，唯一的辦法，就是設法同中共恢復和談，利用和談以爭取時間，在長江以南地區編練新軍一、二百萬人，如能做到這一步，還可與中共分庭抗禮，平分秋色，否則這個局面是很難維持下去的。可是，想要和中共恢復和談，必須請蔣先生暫時避開一下，才有可能。

白崇禧看著宋希濂繼續說：現在華中地區屬於黃埔軍校系統的部隊，大部分掌握在你手裡，你如能和陳明仁、李默庵、霍揆彰等會商一番，然後由你領銜電蔣生先力陳不能戰的理由，請蔣先生暫時休息一下，我想他一定會很重視你們的意見的。

宋希濂沉思後回答：總司令對時局所作的分析和判斷，我完全同意。和中共進行三年戰爭的結果，國軍是被打垮了，稍為有點頭腦的人，都可以看得出來，國軍是沒有力量再進行大規模的戰役。與中共恢復和談，利用和談以爭取時間的辦法，當然很好，我也贊成。總司令囑我聯合黃埔軍校同學勸蔣先生下野，本應遵辦，但我考慮到：一、我們和蔣先生有二十多年的師生關係，這樣做，在道義上恐怕說不過去。二、我們是他的部屬，如此做，從軍紀上來說，恐怕不妥當。三、陳明仁等是否同意這樣做，還沒有把握。

宋希濂婉拒式的說：我們能不能運用一些民意機關，例如參議會等，由他們出來表示意見？

宋希濂離開白崇禧官邸後，立即到當時任華中剿總政務委員會秘書長袁守謙處，因為袁守謙是蔣介石派駐武漢監視白崇禧的動態，所以將白崇禧的話詳細告訴他，由他負責向蔣介石報告。

同時，宋希濂與袁守謙研商結果，宋希濂當天下午迅速離開武漢，防備白崇禧採取激烈行動，並由袁守謙翌日再向白崇禧解釋宋希濂不辭而別原因。

幾天之後，湖北省參議會、河南省參議會相繼發出電文促蔣介石下野，不久，白崇禧亦親自出面逼蔣介石下台。蔣介石有感局勢惡劣，終於一九四九年一月二十一日通電宣告「引退」，總統職位由副總統李宗仁代理。

三、第廿軍師長李介立指出：蔣介石、白崇禧爭奪廿軍權

一九四八年十一月下旬，當國軍在徐蚌戰場上接連遭到失敗的時候，蔣介石電令華中剿總白崇禧，即調駐在襄陽、樊城的二十軍迅速到津浦線上參加作戰。

當時蔣介石的作戰策略是，時間來得及，第二十軍就參加徐蚌會戰，如果來不及，就作為保衛南京的一部分力量。可是命令下達後，引起了白崇禧很大的不滿。

據第二十軍長楊幹才對師長李介立表示，白崇禧不願調走第二十軍，原因有三：第一，徐蚌會戰失敗之勢已成，蔣介石總統之位快要由李宗仁取而代之，應該掌握一些實力在自己手中，作為李宗仁上台後的資本。第二，襄樊是武漢的重要門戶，第二十軍調走了就顯得空虛，對自己不利。第三，第二十軍歸到華中剿總後，已有一年多時間，還能服從命令，並在幾次與共軍作戰中，也出了些力，所以不願放走這個部隊。

第二十軍長楊幹才也不願調離，其原因是曾替白崇禧拼命作了幾次戰役，得過多次嘉獎，而且此時整編第二十師已恢復了軍的番號，同時由白崇禧保委他升任第十四兵團副司令官，如再出點力，可能當上兵團司令官。

可是，雖然經白崇禧一再向南京要求免調，但蔣介石則堅決要調，並派華中剿總副總司令宋希濂從荊門趕到與白崇禧面對面的溝通，始接受了蔣介石的命令。

第二十軍部隊乘船抵達南京下關，蔣介石早派人到江邊將楊幹才等接到官邸。楊幹才當面向蔣介石要求：第一、補充第二十軍一個師的番號，師長要以楊森的兒子楊漢烈當任，由楊森負責在重慶成立訓練。第二、補充第二十軍一部分美械裝備。

蔣介石立即答應，並要楊幹才立即報來作專案處理。後來，部隊到達蚌埠，楊幹才即派經理處長劉雨光出任第二十軍南京辦事處長。不久，國防部發表楊漢烈為第二十軍第七十九師長，在重慶成立訓練，並指定在浦口補充第二十軍一部分美械裝備。

一九四八年十二月中旬，第二十軍開到蚌埠，受徐州剿總的指揮。開始，第二十軍奉命前往雙堆集去解第十二兵團之困，不料部隊剛從蚌埠出發，走過大橋前頭不遠的地方，就遇到第十二兵團副司令官胡璉坐著牛車狼狽表示，部隊撐不住共軍攻擊，你們不必去了！

剿總接到消息後，又命令第二十軍停止前進，暫駐蚌埠附近的鐵道兩側鄉村一帶。兩天後，國防部提出「守江必先守淮」的計劃，決定以第九十九軍和第九十六軍為守淮河部隊，第二十軍調到蚌埠後方的臨淮關和明光，作為第二線部隊。

一九四九年一月上旬，第二十軍從明光調到滁縣受江北指揮所主任覃棄之指揮，專負保護鐵道交通責任。後來共軍游擊縱隊乘鐵道沿線空虛，對鐵道進行大量破壞，交通幾至中斷，因此在張八嶺、黃泯崗、自來橋、古城、半塔集等作戰的第二十軍兩個師，不得不仍調回滁縣。後來，決定放棄淮河防線，第二十軍被派在滁縣擔任最後掩護部隊任務。蔣介石與白崇禧爭奪第二十軍，結果，雖然白崇禧不得不低頭，可是，後來徐蚌會戰期間，白崇禧不但處處不配合蔣介石的戰略，而且在徐蚌會戰勝敗關鍵，狠心不派兵增援，坐視國軍在徐蚌會戰失敗，接著蔣介石「下野」，大陸整個失去！

四、華中剿總處長覃戈鳴說：蔣介石、白崇禧直接爭吵

白崇禧拒絕增援蚌埠後，蔣介石便電令將華中剿總所轄的黃維和張淦兩兵團調到津浦路南段去參加會戰，黃維兵團是蔣介石的嫡系部隊，白崇禧不可能留得住，而且，他更希望蔣的嫡

系部隊在津浦路南段多打一些時間，以便利用這段時間來擴張白崇禧的桂系和桂系外圍的武裝力量，所以故意讓黃維兵團調往華東方面。

至於張淦兵團，是桂系的「王牌」，白崇禧的老本，自己既然拒絕到蚌埠指揮作戰，張淦兵團無論如何也不會讓該團他調。

國防部第三廳第二處長曹永湘由南京打電話到武漢表示：如果徐蚌會戰失敗，武漢也保不住。

武漢方面回答：武漢是關係大局的戰略重點，不能沒有一個可打硬戰的兵團來保衛，若把張淦兵團調走，中共劉伯承的部隊來進攻武漢，武漢先失守，南京也就保不住了！

南京與武漢雙方人馬在電話中爭論不休，而且各不相讓，結果，蔣介石與白崇禧兩人親自在電話中繼續爭執。

後來，白崇禧命令由第二十八軍（蔣介石嫡系）等頂替張淦兵團。蔣介石及南京方面雖然不斷希望調張淦兵團前往增援，特別在黃維兵團和杜聿明所率各兵團被共軍圍困緊急間，一再急電要張淦兵團救援，依然被白崇禧拒絕。

接著，蔣介石電令華中剿總指揮下的第二軍（蔣的嫡系）等，由沙市船運南京，準備使用到蚌埠附近地區參戰。

白崇禧指示武漢部下，不要讓第二軍部隊經過武漢，並策劃在運兵船上動手腳，使船無法行駛。

後來，蔣介石知道白崇禧硬是不准第二軍過武漢，只好電令宋希濂飭陳克非繞道湘西出長沙再搭火車東進，如此轉輾，救援時間就趕不及了，徐蚌也就垮了，蔣介石因此恨透了白崇禧。

五、空軍程藩斌指出：杜聿明拒絕蔣介石接回南京

聯勤總部空運勤務司副司長程藩斌指出：杜聿明拒絕蔣介石接回南京。

程藩斌於一九四八年十一月中，由空軍總部借調到聯勤總部運輸署工作，主管空運業務，到差後即逢上徐蚌會戰空投任務，先向碾庄坪地區黃百韜兵團上空投送物資，繼向雙堆集黃維兵團上空投擲補給品，最後向陳官莊地區杜聿明集團空投。三次空投，以陳官莊地區空投規模最大。

杜聿明率領三個兵團及配屬部隊、家屬和隨行民眾等約三十多萬人，離開徐州向南京方面撤退，企圖與第六、八、十二兵團會師共同完成守江固淮屏障京滬的戰略任務。

後來，被共軍圍困在徐州西南陳官莊地區，無法繼續行進，糧彈物資必須靠空投補給，才能生存下去，否則前途不堪設想。

為了搶救這支「王牌」隊伍，蔣介石不惜犧牲一切，但唯一辦法就是空投。杜聿明要求每日空投糧食肉類等二百四十噸，彈藥、物品及其他物資一百六十噸，共計四百噸。按物品數量，每日需飛機一百二十架次。

當時，以空軍兩個空運大隊為主，加上租用的中國、中央、陳納德三個航空公司的運輸機參加。並調動所有水陸交通工具、車輛、人力，將所需的物資，日夜不停運往大校機場，大校機場各類物品堆積如山，車輛人員往來如梭，運輸機一架接一架起飛，地面各有關單位為空投動員人力，約有二萬人之多。

空投開始之初，均能按照計劃進行，後來逐漸減少，由每天空投三百噸而減到十噸，而且每天投出的數字與收到數量相差很多。後來由侍從室直接指揮，派王叔銘、蔣緯國等飛臨陳官莊上空察看。

認為飛機在一千公尺上空順風投下的物品。有大部分落在投物場附近，有一部分落在邊界，還有的隨風飄落在境外。加上陳官莊空投場狹小，應低空準確空投，才能使物品空投到地面所設的場地，可是，有些飛行員低飛怕地面共軍炮火射擊，所以在空中進行空投任務時，不管準不準確，就在機上按電鈕投出，如此投送物資，有些投進預收的投物場，有些投到投物場以外地區，甚至投到共軍攻佔區域，以致造成「投多收少」的原因。

後來，杜聿明電請將大米改投大餅、餅乾、罐頭等熱食。結果，在蔣介石一聲令下，南京市內外，做大餅、製餅乾的工廠，都日夜趕做大餅、餅乾，以供國軍需要。

當時幾天，天氣轉壞，早晨濃霧，霧散就成低雲，無法空投。民航飛機大部撤出，只有空軍負責，每天勉強空投幾十噸，使得被圍國軍飢餓難捱，以致影響到戰力，造成國軍的敗象。

蔣介石了解國軍不利的環境，曾派了一架小型飛機，降落在空投物場，要把杜聿明接回南京，因杜聿明雖然身體多病，但在此危急之際，不忍甩掉自己親帶多年的國軍而僅保自己一命，所以堅決拒絕派機接他出圍。

國防部為救援杜聿明所率被圍部隊之急，特別召開會議，研究補給問題。

程藩斌副司長也參加上述會議，記得有人在會中指出：陳官莊的國軍騎兵變成了步兵，因為糧食不足，官兵無法只好宰馬充飢，所以馬已吃光了。而且陳官莊能燒的都燒光了，連木橋和棺材也光了。以致所投的大米、豬肉等，沒有辦法煮熟，因此改投大餅和罐頭等。不過，希望投大餅時用投物傘，免得碰到地面都成為碎末。

程藩斌副司長暗忖，以往一般投糧食用三層麻袋，不能用投傘或投箱，如果用投傘，莫說一個投傘製造廠，就是十個也趕不上供應，而且投傘如果遇到風，投送準確性就難掌握，這些與會高官，真是「閉門造車」！

由於徐蚌會戰失敗，危及南京，當時非常混亂，物價飛漲，金元券大貶值，人心惶惶，國民黨內部也發生矛盾和爭執，因此，有一批人，不知是對蔣介石不滿，還是恨鐵不成鋼，自己又沒有挽救危亡的能力，只好到南京中山陵痛哭！

六、上海鐵路局霍實子指出：陳納德將軍藉助戰欲撈一票

一九四八年十二月，霍實子在上海京滬區鐵路管理局當專員，國民黨立法委員陳伯庄任該局長，因為陳局長是霍實子的父執輩，又是他指名要霍實子到鐵路局工作，所以又兼陳局長的私人事務。

一天，陳伯庄偕同原美國飛虎隊長、戰時美國第十四航空隊長陳納德匆忙去南京。行前，陳局長向霍實子表示，他已與陳納德密商重建「飛虎隊」，計劃向美國駐滬海軍借飛機和新式「穿甲彈」，並借用美國飛行員，到徐蚌前線沿陣地作戰。

陳局長接著說：到南京是陪陳納德去拜訪行政院長孫科，同時與孫院長商議條件，即陳納德的助戰飛機出動一架次轟炸任務，國民黨酬勞美金多少。

當霍實子得悉陳局長和陳納德兩人到南京的「陰謀」，立刻詳細告訴長輩陳銘樞。

陳銘樞一面連罵「該死的陳伯庄」外，一面要霍實子打電話到南京找陳伯庄。

接電話的是南京外事處主任容海襟（行政院長孫科的外甥）表示，陳局長已偕同陳納德拜會孫院長去了。

陳銘樞對霍實子說，這件事，他要馬上設法制止。

後來，陳銘樞曾告訴霍實子他制止陳納德想撈一票的陰謀經過。他說，得悉陳局長和陳納德要向國民黨撈一票的計劃後，一時無法連絡上陳局長，他只好找中共在上海的人員，研商結果，由陳銘樞親自到南京美國駐華大使司徒雷登，當面將陳納德的歪主意告訴司徒雷登。

陳銘樞並向美國大使司徒雷登分析，美國政府既然早已宣稱，以台灣海峽為美國的第一道防線，那末，有關中國大陸的事情，美國就不要再插手。何況，蔣介石已是強弩之末，國民黨大勢已去，陳納德何必多此一舉？

陳銘樞最後強調，司徒雷登大使也要留個餘地，以便將來為中美建交做個搭橋人。

結果，美國駐華大使司徒雷登被陳銘樞說服了，遂出面制止陳納德不要再瞎搞，也打破了陳納德與陳局長勾結想向國民黨撈一票的計劃。

七、第三綏靖區副司令官何基灃指出：國軍起義內幕

第三綏靖區部隊的前身是西北軍，中共為爭取舊西北軍，從中協助該軍而做了不少工作，產生了極為深遠的影響。

一九三八年春，何基灃在養傷期間，曾化裝潛往延安參觀了兩個多月，毛澤東亦親自接見多次，對中共必勝的前途作了重要面示。

何基灃回到國軍部隊後，曾向當時的第七十七軍長馮治安暗中說明，馮治安亦與第五十九軍長張自忠交換了意見，兩人都表示願與中共建立關係，雖然沒有進一步加入中共，但在八年抗戰期間，彼此常有信使暗中往來，這就為後來的起義種下種籽。

由於蔣介石對於非嫡系部隊，一貫含有歧視、排斥的心態，在使用上採取利用、消耗的政策，其最終目的則是將這些軍隊逐步予以分化和瓦解。

過去，以馮玉祥為首的西北軍，就是如此被瓦解的。後來，以宋哲元為首的第二十九軍，在抗戰開始後，曾擴編為三個軍，連同由地方保安隊編成的師等，合計十多萬人。但是，在抗戰中，蔣介石並沒有集中使用這部分兵力，以充分發揮它的作用，反而是千方百計把它分割開，逼得第一集團軍總司令宋哲元只好托病辭職。

後來，張自忠部隊在抗戰中打了幾次勝仗，並且對蔣介石的嫡系部隊在戰役中大力掩護，蔣介石始將五十九和七十七軍合編為第三十三集團軍，轄三個軍和一個騎兵師，由張自忠任總司令、馮治安為副總司令。

一九四〇年張自忠陣亡，兵力傷亡亦重，馮治安繼任總司令後，蔣介石對此在抗戰出過力的部隊並沒有補充，而是編為兩個軍和一個騎兵師。一九四四年，又將每個軍三個師改為兩個師，並將騎兵師取銷。當時這個集團軍的上層人員，均感到所率兵力越打越弱，部隊越編越少，前途發展不易，所以均欲另謀出路，也就埋下日後陣前起義的另一個因素。

國軍第三綏靖區內部存有不少矛盾，主要是政治見解的分歧和個人之間的利害衝突。比如以馮治安為代表的上層軍官，在蔣介石發動戡亂時期，他們都是忠實執行的一群。另以張克俠等在中共影響下，與蔣介石一派形成對立的一群，所以使得國軍內部時常有矛盾不同意見出現，使得下層官兵有時無所適從。

張克俠等認為，當國軍將高射炮從開封飛機場撤走，就是要放棄開封。戰車大炮從豫東撤下開往蚌埠以南，徐州附近倉庫的汽油炮彈日夜南運，表明準備南撤，主力以江淮為第一線，先保住長江以南，然後伺機北進。所謂正面以湖堅守，只不過是利用雜牌第三綏靖區的部隊替國民黨看守大門。

因此，張克俠、何基灃等認為此時起義，正是夢寐以求的絕好機會。此時，中共傳達消息，翌日全面開始總攻，希望何基灃等部隊配合讓出防地，以便共軍迅速渡河南下。

參加這次「起義」活動的，還有第七十七軍的團長張兆英、馬秉正、副團長錢寶鈞、鄧雲鶴、營長王世江、楊世亨、王英華等。

何基灃等原有意誘騙總司令馮治安一同「起義」，以增加聲勢與影響力，由於馮治安獲得風聲，所以沒有中計。何基灃等既等不到馮治安，而起義的消息又已傳到徐州，為防止意外，只好立刻下令出發，同時通知各部，凡是不願隨軍行動的人，隨其自願，決不勉強。

結果，張克俠、何基灃等完成了在運河前線「起義」，共軍不費一兵一彈就獲得國軍兩萬多名兵力，對國軍在徐蚌會戰中，造成非常不利影響！

八、總統府戰地視察官武之棻說出：被迫投降經過

一九四八年十一月四日，國軍參謀總長顧祝同奉蔣介石之命，到徐州召開軍事會議，國軍第一〇七軍長孫良誠被召與會。

會後，孫良誠軍長對武之棻視察官表示，徐州保衛戰就要開始了。而且東海第九綏靖區李延年部，要撤回徐州。新安鎮的第七兵團黃百韜部，要撤到運河以西。第一〇七軍歸黃百韜指揮。

翌日，黃百韜電令孫良誠主力進攻宿遷，解第六十三軍陳章部在窯灣鎮被困之急。

孫良誠不滿地對武之棻說：黃百韜要往西撤，卻要我向東打宿遷，這不是明要犧牲我的部隊嗎？我軍編制小，人槍少，如何比得上整編師？一百多里去打宿遷，孤軍深入解圍，我沒有這麼大的力量，去也無濟於事。

武之棻問：你不去解圍，怎樣回覆黃百韜呢？

孫良誠答：先派一部出發，再作打算吧！

接著，孫良誠向劉總要來十輛大卡車，當晚裝滿彈藥，原定午夜十二時偷偷離開睢寧，先派了第二六〇師一個營掩護和加強公路橋樑警衛，但發現兩側有共軍活動，並有小接觸，孫良誠通宵猶豫不定，直到翌日上午始由睢寧撤退。

行至中途，發現西面有共軍向公路以北急進，有對國軍包圍之勢。孫良誠有感將部隊和車輛長時間擺在公路上甚為危險，因此決定就地宿營，準備與雙溝第二六一師孫玉田聯絡，要他派部隊接應，再向雙溝突進。

黃昏時，軍部被共軍包圍在邢圍子宿營地。半夜，共軍聯絡專員周檣偕和朱科長乘吉普車突然進入刑圍子國軍駐地，經商談後，孫良誠即搭共軍來車一同往共軍二縱隊司令部。

共軍政委對孫良誠說：原來你同意在睢寧不動，全軍集中後通電起義，後來你又背信向徐州跑。現在你的部隊已被包圍，你仍無起義的誠意，無法對你寬容下去，你只有放下武器。你留在這裡，快給你的部隊下命令吧！

孫良誠無言可說，被迫在紙上寫下「放下武器」四個字並簽了名後，同時暗中交待隨從副官，這張字條是被迫寫的，不作數。從速通知參謀長杜輔廷，趕快率部突往徐州，不要管我了。

共軍已看破孫良誠用計，就在條子後面，詳細寫明將武器集中在一塊，不准破壞，官兵分別集合等。

第一〇七軍參謀長杜輔廷接到孫良誠簽名手條，即通知國軍將武器放在村內，官兵分別到村外集合，士兵約二千人集合後被分配到共軍部隊去了。

武之棻看到共軍接收國軍時，因感自己係南京派來的戰地視察官身分，如果暴露有生命危險，所以冒充一〇七軍政工處少校科員，改名為吳仲芳，混入被俘官佐人員內，到村外集合。共軍周食高對國軍講話時指出：孫良誠不夠朋友，我和他多次接洽起義，他猶豫不定，毫無誠意。這次他同意在睢寧起義，後來又失信，把部隊開往徐州。

武之棻聽完共軍周食高的講話，始明白孫良誠從睢軍撤退前，通宵猶豫不決的原因。結果，孫良誠仍是在被迫情勢下向共軍低頭了，對徐蚌會戰影響亦不輕。

第四章　諾貝爾獎庇護杜聿明被共軍俘後的歲月

一九四九年一月十日，關係國民黨在大陸存亡的徐蚌大會戰，終於在「天不利、人不和」的情況下，國軍被共軍擊垮了，整個大陸河山也接著變色了！

天對國軍不利——就是連續下了二十多天大雪，使飛機無法出動投援彈糧補給，導致國軍官兵飢餓而士氣跌到谷底，無力與共軍對抗。人不和——則是內部最高決策人員意見分歧，戰略一變再改，將領不聽指揮拒絕增援，中共「間諜」滲透統帥身邊，以致國軍一舉一動，都掌握在共軍手中。

事後，軍事專家研究，認為徐蚌會戰而國軍失敗，並非戰力之過，如果再能勉強支撐五天，包圍的共軍也無法支持下去，那麼，國共兩方的近代史就要重新寫了！

當杜聿明眼見增援不到，突圍無望，知道徐蚌會戰無法再繼續戰鬥下去，只好與邱清泉、李彌等商議決定，各自率部隊分別找出路！

一、杜聿明被共軍俘後兩次自殺未成

杜聿明為了避免被共軍將國軍一網打盡，決定與邱清泉、李彌等部分開突圍。杜聿明帶著副官、衛士等十多人，離開大隊單獨行動。先向西邊走出村莊，再轉向東北，沿途見大批部隊向陳庄前進，經探詢後，原來是國軍七十二軍。此時四面沉寂，無一槍聲。

杜聿明衝到夏砦附近，發現大隊共軍向西移動，便就地進入戰壕內隱蔽起來。副官尹東生為防萬一，趁在戰壕躲避時間，特別將杜聿明鬍鬚剃掉，並將軍服也換掉，將杜將軍改裝成一般軍官，並含有安慰口吻表示，「留得青山在，不怕沒柴燒」。

杜聿明等一行，在戰壕等待共軍大隊通過後，經過仔細探視，認為安全無問題，始跳出戰壕，一直往東北方向跑，計劃跑過一段路程再向西轉南。

途中，遇到兩位似共軍幹部的人，杜聿明等一行就冒稱是共軍第十一縱隊的，僥倖矇混過去了。後來，又碰到一位鄉村的居民，指出四周村庄都有隊伍。尹副官內心很著急，因為他們已經跑了二十來里路，還有隊伍，不知要跑到何時才能跑出中共的包圍圈，因此，就改從兩個村庄間向西北方向跑。

跑了一段時間，天已漸亮，見前面村庄內有隊伍，尹副官認為到村庄內去探聽，看一看村庄內是共軍還是國軍？正在討論中，就有兩名共軍士兵前來查問：你們是屬於那個部隊？

尹副官仍想矇混，大聲表示：押送俘虜的。

共軍可能發現不對，即喊道：大家都放下武器！接著又跑來了不少共軍。

杜聿明四周一看，前來的確實是共軍，內心暗忖，可能無法脫身，更想到自己已被中共列為「戰犯」，如果被俘，不但受辱，也無法逃過一死，思索至此，突然「一死了之」勇氣上升，立刻拔出手槍，將槍口對準自己腦部自殺，幸好在身邊的尹東生副官眼明手快，迅速將杜聿明自殺的手槍奪下，並隨即要其他跟隨的國軍放下武器，一併交給前來的共軍，杜聿明等一行十多人，從此也就成了中共的俘虜。

杜聿明等一行，被共軍帶進村庄後，共軍即送水送飯，讓大家飽吃一頓。接著，共軍就將他們分成兩批，然後就帶著杜聿明、副官尹東生和司機等三人，先與一位主管處問話。

副官尹東生搶先表示：我是尹東生，徐州日報隨軍記者。接著指向杜聿明說：這位是第十三兵團高軍需。

司機也跟著自己介紹：我叫張印國，在徐州開商車，被他們拉來的。

各人隨即拿出事前準備好的有關證件。問話的共軍主管看了看證明文件，並對三人仔細審視了一番，含有懷疑的口吻問：高軍需叫什麼名字？

杜聿明將計就計答：我叫高文明。

共軍主管含笑說：你這個名字倒不錯，請問第十三兵團有幾大處？

杜聿明答：六大處。

共軍主管接著測試表示：你把六大處的處長姓名寫出來？

杜聿明平時全心全力指揮策劃軍事行動，接觸的均是帶兵高層指揮主管，從來不過問軍需方面事務，因此主管軍需人員更未接觸，現在要他寫出主管軍需的六大處長姓名，真的一時無法寫出來。只好以拖延的辦法問：你貴姓？

問話的共軍主管答：我姓陳。

杜聿明心想，如果是中共的陳毅，倒可以和他坦白談一談。主意既定，故意向周圍的人看了看問：這個地方談話不方便吧？

共軍主管可能會錯了意，以為他們怕國軍飛機的轟炸，所以微笑說：不要緊，對你們的空軍，我們有經驗，嚇不了我們。你們只要坦白交代，我們一律寬大，除了戰犯杜聿明以外。

共軍主管接著問：杜聿明是不是坐飛機跑了？

杜聿明等三人同聲表示：聽說跑了。

共軍主管認為問不出結果，就叫人將杜聿明等帶到另一間房裡休息。後來，又來了一位共軍幹部，問了一些話，也沒有結果，並進行全身嚴密檢查，未發現可疑之處，然後將冒充記者的副官尹東生支開，叫他到另一處俘虜地方找安徽老鄉。接著將杜聿明和司機張印國調走，從第十三兵團大批被俘的官兵面前經過，杜聿明眼見許多熟悉的部下，深感慚愧又惱火。慚愧的是對不起部下；惱火的是共軍已對自己起了疑心。

杜聿明和司機張印國關在一間磨房裡，但是共軍監視很嚴。杜聿明在磨房內，心思起伏難安；一會想起在美國的妻子曹秀清、一會想起在台灣的兒女，一會又想起被俘的數十萬國軍官兵，一會想起被中共列為戰犯等，想前思後，終夜難眠，司機張印國見狀，多次安慰並勸他趁夜深逃跑，但他自認腰腿疼痛，行動困難，逃脫不易。就算能逃出，半途走不動也會死，被共軍發現更會死，與其被處死，不如先自殺，還可做個蔣介石的忠臣。

一剎那間，杜聿明眼見共軍警衛人員離磨房時，立即迅速在地上揀起一塊磚頭往自己腦袋上用力亂打，頓時打得頭破血流，由於用力過猛，身體又多病，以致昏倒不省人事。經張司機大叫「救命」，共軍迅速趕到，馬上將杜聿明送到衛生處，在醫生急救後，杜聿明才從昏迷中醒過來，好像做了一場惡夢！

杜聿明兩次自殺都被救回後，睡在共軍衛生處病床上，經過一夜的內心激烈思想挑戰，最後橫下心，決心一不做，二不休，與中共頑抗到底。

翌日，一位地位頗高的共軍來問：你叫什麼名字？

杜聿明不耐煩地說：你們已經知道了，何必再問。

問話的人就叫護理兵用擔架，把杜聿明抬到共軍縱隊司令部，和共軍陳毅元帥、司令員陶勇、參謀長張震等三人談話。

三人對杜聿明以禮相待，言談很客氣。杜聿明依然心存猜疑，一直蠻橫無禮以對，拒絕談任何問題，只求從速一死！

二、中共自動為杜聿明醫治舊疾

一九四九年一月十日，杜聿明在河南省水城縣陳官莊被共軍所俘後，內心一直認為「一切都完了」，可是，眼見共軍對待所俘的國軍一些處置與管理，並不是國民黨原來宣傳的可怕。

不過，在杜聿明內心仍存有疑問，因為他認為，中共對幾十年來積下血海深仇的國民黨戰犯，是決不會施仁政，實行寬大政策的，暫時如此對待，不過是要在俘虜身上得到一些情報，宣傳寬大政策以瓦解國民黨軍心及鬥志。

杜聿明有這些猜疑而一時無法消除，主要是家庭及教育所養成。因為他出身士紳地主家庭，他的祖父和父親，在清末鄉試、省試均獲功名，服膺孔孟之道，恪守中國傳統道德觀念，世代相傳，綿延不絕。

杜聿明在少年時代，讀了不少聖賢之道、立身涉世的書籍，而且視「禮義廉恥，忠孝仁愛」等「四維八德」為人生座右銘。不僅以此律己，還諄諄訓誡子女，對禮教要躬行不悖，甚至用其中的一些字義給子女命名。所以，他的大女兒叫「致禮」、二女兒叫「致義」、三女兒叫「致廉」、大兒子叫「致仁」、二兒子叫「致勇」、三兒子叫「致嚴」。由此可充分顯出杜聿明的思想意識，源於孔孟之道，是根深蒂固的。

加以杜聿明對蔣介石一貫忠心，因為在他內心，認為蔣介石是他黃埔軍校的校長，在職務上又是最高的長官，而且更是他事業發展的支柱，無論在道義上和利害上，對蔣介石都有著難以割捨的深厚情感，所以不能忘恩負義，他無論交待任何工作，應竭盡所能去完成，甚至不避犧牲自己的榮辱得失，為他擔任過錯。

而且，一九四八年十二月二十五日，中共宣布對這次內戰應負責任的國民黨四十二名戰犯名單，杜聿明就是其中之一。他認為，共產黨對他這樣的一個敵人，一旦生擒活捉必將是「仇人相見，分外眼紅」，一定會凌遲處死的，因為早在一九四七年十月十日，中國人民解放軍宣言中就提到「對於戰爭罪犯，必將追尋他們至天涯海角，務使歸案法辦」。所以在被共軍所俘時，曾兩次自殺，以報答蔣介石的知遇之恩，保全名節，決心「殺身成仁」。

由於上述原因，杜聿明被俘之後，共軍並無刁難，照顧亦優待，但杜聿明心中依然存有猜疑，根本難以取信中共的寬大政策。

可是，杜聿明多病的身體，強忍耐不吐實，結果被中共人員發現，在細心醫療及照護過程中，使得杜聿明對中共的諸多猜疑，有了一些改變！

杜聿明是一個中等身材的體型，健康狀況不佳，患有腎結核、胃潰瘍、肺結核等多種慢性病。一九四六年三月，他在東北保安司令長官任內，正興高采烈督師接收東北之際，腎結核病嚴重發作，臥床難起，緊急運送北平中和醫院治療，動手術割去了左腎，從此雖然在醫師指導下注意飲食保健，但各種慢性痼疾，仍不斷向他肌體侵蝕，在共軍所俘後，對自己多病身體，矢口不談，雖然身上時感劇烈疼痛，也強忍不說，更不向共軍看管人員要求治療。

在杜聿明強忍病痛，飲食失調，加上精神壓力等影響之下，終於難以支持，時常不能自主地昏倒。這種病態被共軍看管人員發覺，立刻召來醫務人員前來檢查，認為病情嚴重，經過報告後隨即送往醫院急診。

杜聿明進醫院時，中共的醫務人員眼見他身體異常瘦弱，飲食難嚥，極需營養滋補，特地供給每天一磅鮮牛奶。經過醫護人員精心診斷、治療和護理下，所患的胃潰瘍、肺結核和腎結核等長年痼疾，終於逐漸好轉，康復至痊癒。

杜聿明引為最痛苦的是脊椎炎，僵直的脊骨挺在腰背上，幾乎難以動彈，尤其睡眠時不能轉側，時常徹夜無法入睡，痛苦難言。經過中共醫務人員仔細檢查後，先用藥物減輕他的痛苦，然後研究特別製了一具合身的石膏板，睡眠時躺在石膏板上，感到舒適多了，遂能安穩入睡，在醫務人員細心觀察醫療下，並配合藥物的輔助，杜聿明多年的脊椎炎終於逐漸痊癒。

人非草木，杜聿明安靜躺在病床上想，如果中共對他假情假義，何必多此一舉，他患重病，讓他自生自滅於牢房裡，不必大費周章送到醫院，將他全身舊疾一一治好。因此，他決心要進一步觀察中共善待國軍俘虜情形，是真是假？

經過杜聿明冷眼旁觀結果，發現中共對國軍俘虜，允許和親友通信、會晤，並可自由談論。在學習會上，可以提出任何問題，互相辯論，互相批評，暢所欲言，中共管理人員不參與其間，不橫加干涉。管理所還提供了適當的場所和時間，讓國軍戰犯從事活動，並設立圖書室，有各種書籍供瀏覽參閱，尚備有圍棋、象棋、橋牌、乒乓球等適於老人的文康器具。杜聿明乒乓球技不錯，除了看書外，就成了乒乓球室的常客，也藉此活動機會，探詢大家對中共的感想和身受！

在管理所被中共管理的國軍戰犯，多數年齡漸老，視力漸退，看書甚為不便吃力，管理人員發覺後，立刻找來醫務人員替全所國軍戰犯檢查眼睛驗光，對視力不佳者每人配送一副眼鏡。

另外，年歲大的人，不但視力減退，更苦惱的是牙齒漸壞，不僅不能咀嚼食物，而且經常疼痛難忍，管理人也找來醫務人員進行檢查，該拔的就拔掉，並配鑲假牙。該嵌補的就嵌補。

這些配眼鏡和鑲牙等小事，在杜聿明眼前顯現比別人更為敏感，因為他認為，共產黨對國民黨戰犯不殺不辱，不僅是基於人道主義和國際公法，把戰犯養起來便算完事，而是有更為宏偉豁達的襟懷和政治遠見，爭取「化敵為友」為目的。

杜聿明在被俘後，一直對共產黨滿懷敵意和猜疑，但是經過長期、反覆思考，以及從不少具體事物中觀察和體驗結果，逐漸轉變為信服和感激。後來，因年歲日長，眼鏡光度增大，自己重新配了新的，可是管理所配發的眼鏡仍捨不得丟掉，一直保留當作珍貴的紀念物品。

三、杜聿明遷移新設的功德林管訓所

杜聿明被共軍所俘開始，一直是單獨監禁的，不僅與外界極少接觸，而且與其他較有名望的戰犯亦不往來。一九五六年初，中共公安部設立戰犯管理所，將全國重要的國軍戰犯都集中到北京，進行學習改造，杜聿明也被送到這處管理所。

中共公安部新設的戰犯管理所，位於北京德勝門外功德林的一所監獄內。這裡原是北洋軍閥時代段祺瑞執政時興建的一所「模範監獄」，內有廁所、浴室、放風庭院等設施，國民黨戰犯們集中此處，彼此可以互相往來，中共的管理員不再干涉，大家生活得也不再孤寂，這座管理所名為「功德林」，因而形成一所特殊的大學堂。

在「功德林」管訓的國民黨戰俘，最主要的是「學習課」，不但功德林設立了一間圖書室，收集不少中外書籍，琳琅滿目，應有盡有，而且從管訓戰俘中，選出曾任國民黨中央監察委員兼山東省黨部主任委員龐鏡塘為圖書室管理員。

杜聿明對這間圖書室異常有興趣，因為他過去雖涉獵了不少書籍，但近時新書卻無法接觸，所以圖書室成立時，他迫不及待首先進入，參觀書架上陳的書刊，仔細翻閱圖書目錄，然後借了十多本自己喜歡閱讀的書刊。

與杜聿明同住一間寢室、同一學習小組的廖耀湘指出：杜聿明的學習態度很認真，他夜以繼日地看書寫筆記，幾乎成為書呆子了。

廖耀湘表示，杜聿明曾對他說，不讀歷史書，就不知道歷代興廢的原因，讀些名人傳記，可作為處事做人的借鏡，今後藉此難得機會，要多讀些這方面的書刊，否則就跟不上時代。

一九五七年紀念五一國際勞動節，杜聿明寫了一篇文章，題為「紀念五一勞動節的感想」，他以蠅頭小楷工整的寫了三十六張的稿紙。文章大意是：從猿到人的過程中，懂得了勞動的偉大意義，是勞動創造了人，創造了世界。並了解人類社會原始族社會階段，本來是平等的，由於生產力的發展，私有制的產生，從而劃分為階級，於是，人類社會就進入了階級對抗的社會。過去的歷史，是階級鬥爭的歷史，是奴隸主壓迫剝削奴隸，地主壓迫剝削農民，資本家壓迫剝削工人的歷史。剝削階級操縱著國家機器，一切法令、規章及倫理道德之類的上層建築，都是維護他們統治的工具。

杜聿明的這篇文章，被選出張貼在「牆報」上，博得不少的讚賞，大家認為他讀書很有心得，理論與實際分析貫穿得非常好。

杜聿明不但讀書、寫文章都很用心，而且在學習小組上，討論問題，更是「知無不言，言無不盡」，甚至雙方爭辯得「面紅耳赤」。有次學習會中，討論斯大林發起的號召全世界人民簽名擁護和平運動問題。杜聿明就和同組的人意見相左，發生爭執。

同組有人認為，和平簽名運動對於弭止新的世界大戰，可以起重大作用。只要這個運動全面深入展開，全世界人民都在上面簽了字，不僅造成強大的輿論，而且產生實際行動，阻礙侵略國家的備戰活動，從而達到維護世界和平之目的。

杜聿明則表示，要準備兩手，和平簽名是一手，還得準備武力這一手，也就是以戰止戰。如果只依靠和平簽名運動，來對付戰爭販子的瘋狂備戰是不夠的。

在雙方爭辯中，有人指杜聿明的論調，有「黷武主義、好戰份子」思想。

杜聿明堅持自己的立論，他並舉「抗美援朝」為例，如果沒有中國人民志願軍敢和美國侵略軍兵對兵、將對將地打一場激烈戰鬥，單靠捧著和平簽名冊，是不能把侵略者打敗而趕出朝鮮的。

杜聿明在這樣學習裡，逐漸認識到，如此方式對於明辨是非，追求真理，確有好處。自己有許多問題，就是在辯論中受到啟迪而得到解決的。

杜聿明深感，由於自己過去高高在上，官僚十足，別人望而生畏，聽到的多是阿諛逢迎之言，久而習以為常。現在雙方平等據理力爭，自己就以為是諷刺打擊，大失面子。以這種態度來對待互相批評，最大的壞處是以後別人不屑提供意見，使自己孤陋寡聞，不能吸收新事物，就會阻礙自己的進步。因此，今後在學習中，決心虛心聽取別人的意見，有則改之，無則加勉，做到擇善而從。

杜聿明身體雖然欠佳，但學習精神卻很充沛，孜孜不倦、鍥而不捨，尤其將學到的理論，付之實踐，做到理論和實踐相結合。例如，他在學習「勞動創造人類世界」一節後，認識到勞動的偉大意義，從而拋棄了舊社會勞動低下的觀點，經常自覺爭取花圃菜園的勞動，鋤草澆水，忙個不停，在宿舍裡，取暖的燒煤爐工作，他每天包辦了，環境衛生也搶著打掃。

杜聿明以往單獨被看管的時期裡，有滿腹問題，沒有對象相互討論，只好獨自苦想，思緒紛紜，莫衷一是，至為煩悶。自移送到「功德林」集中學習之後，可以與其他戰犯自由接觸、交談的機會，不但可以將心中蘊藏的不少想法向舊友傾訴，一吐為快。而且還可將疑點在學習會中提出討論，在精神思想上，獲得莫大的宣洩。

戰犯們在學習中，不可避免地要面對一些實際問題，展開議論。在杜聿明的思潮裡，有許多問題經常夢迴難釋。例如對蔣介石在抗日中的評價？

有的在學習會中發言指出，蔣介石是消極抗日、積極反共的。

杜聿明則認為，這種言論是顛倒是非，因為日本軍國主義的侵略野心是昭然若揭的，蔣介石對此也清楚，日軍要侵吞整個中國，不僅關係民族的存亡，也關係到國民黨政權的存亡，因而有逼他必須抗戰的一面。但是，西安事變以後，出現了國共第二次合作、團結抗日的局面，這總是事寔。其中和共產黨發生摩擦的，只是少數，不能以一概全。

杜聿明分析，在八年抗戰中，在廣大的戰場上，沒有向八路軍、新四軍投過一矢，根本不存在反共問題。所以指責國民黨軍隊消極抗戰，有失公道，違背歷史事寔，不符合實事求是的精神。

杜聿明繼續指出，例如八一三淞滬戰役、台兒庄大捷、武漢會戰等，國民黨軍隊都曾在民眾的支持下，奮勇抗敵。在桂南昆侖關戰役中，他曾率部隊消滅日本侵略軍一個旅團之眾，中國遠征軍還出國到緬甸作戰，第五軍攻守進退，犧牲慘重，怎能說沒有積極抗日？

杜聿明一直對陳明仁的長沙起義，深為詫異和迷惑不解！因為他深知，陳明仁對蔣介石之忠，反共之堅，在黃埔軍校第一期同學中，是屈指可數的戰將。可是，這樣一位堅決反共的人物，竟然在長沙投向共產黨，難道陳明仁的起義是另有打算嗎？

在「功德林」一次散步中，杜聿明碰到曾任徐州剿總中將副參謀長文強，藉機輕聲將陳明仁起義問題提出探詢。

文強回答：陳明仁的起義沒有半點假，綜合事後的情況，陳明仁起義前經過慎重思考，才有這樣舉動。老哥！你將長沙起義這件大事，只局限於陳明仁一人身上著想，而在長沙起義中起決定性作用的，是國民黨元老程潛，這位黨國元老在長沙起義前夕，還不是在說「我的骨頭燒成灰，始終都是不變的國民黨黨員，生是國民黨的人，死是國民黨的鬼」嗎？像這樣頑石一般的元老都點頭了，毅然領導這次關鍵性的和平起義，這其中必有道理，值得我們深思熟慮，再三反省。

杜聿明若有所思地拍著文強的肩說：你看得對，也說得對。我的眼光觸角只注意在黃埔同學小圈子裡，沒有往全國整個形勢觀察問題。這是大勢所趨，人心所向而促成的。陳明仁的起義，比之程潛的起義，那是小巫見大巫，一點也不奇怪了。

中共抗美援朝的勝利，對杜聿明有巨大的影響。因為他有深厚的民族自尊和愛國主義思想。對於舊中國飽受帝國主義列強欺凌蹂躪，割地賠款，淪為半殖民地的悲慘命運，義憤填胸，因而激起他投身孫中山領導的民主革命。無奈事與願違，逐漸對國家前途悲觀失望！他對共產黨來領導中國，能不能扭轉這種局面，也是抱著懷疑的態度，可是，中共的抗美援朝勝利，使他極為震動。

因為，杜聿明在戰場上，曾與共產黨的部隊較量過，他服輸了，但是，共軍是與現代化裝備的美軍作戰，結果獲得勝利，一掃國人崇美、恐美的心病，也助長了中國民族的志氣。在國際上，更伸張正義，保衛世界和平，贏得全世界人民的喝采！

四、楊振寧父親楊武之探望久別的杜聿明

一九五七年，中共為了加速對集中在北京的國民黨被俘高級將領的教育改造，決定將「功德林」管訓所對外開放，讓戰犯們與社會接觸。

中共將集中功德林的國民黨戰犯們名單，向北京各界愛國民主人士公布，並呼籲民主人士前往功德林管訓所自由探望或交換意見。

前往的各方人士，大都是戰犯們的老師、長官、同事或親友，很多人在社會上被公認為德高望重，受到尊敬的長者，也是戰犯們素所敬仰信服的人物。

中共實施這項化消極為積極的改造政策，受到各界讚許。由於戰犯多係與探視者關係密切的親友、學生或部屬，在感情上，也極想一見，除致撫慰之情外，更重要通過雙方實際的溝通，對世事親情更能明瞭釋懷，自然會落實搖擺不定的情緒，因此，前往探視者雖然多為耄耋之年，為了有機會與相隔十餘年的親友、晚輩見面，仍不辭辛勞參加了這項活動。

根據管訓所資料，先後到功德林探視訪問的有：程潛、張治中、邵力子、衛立煌、傅作義、章士釗、劉斐、陳銘樞、蔣光鼐、蔡廷鍇、盧漢、鄭洞國、侯鏡如、陳明仁、張難先、蕭作霖、唐生明、楊武之等。

前往探訪者，由管訓所安排，分批或單獨會見。師生舊友久別乍逢，歡欣難平，雙方盡情互問分別實際情況。這項活動，歷時數月之久，戰犯們情緒為之一振，進而提高了學習的精神。

最高興的是杜聿明，他的大女兒致禮的公公、女婿楊振寧的父親楊武之教授，專程由上海來到北京探望，兒女親家相見，實在出乎意外。由此更興奮獲悉，他的妻子曹秀清安然定居美國，由著名美籍中國物理學家的女婿楊振寧照顧，他的在台灣兒女，也都已成家立業。

杜聿明在國民黨時代，因官職甚高，與高層接觸交往機會較多，比如他和張治中、邵力子有師生之誼，程潛、傅作義、衛立煌、劉斐、盧漢等，原是他的長官或同僚，鄭洞國、陳明仁、侯鏡如等則是黃埔第一期同學，因此，他是管訓所所接見來者最多的人。

張治中曾在黃埔軍校負責教務甚長時間，與杜聿明有密切的師生和長官部屬關係，所以他首先訪問了杜聿明、宋希濂、范漢杰、劉家樹、韓浚、周振強等黃埔第一期同學。除了勉勵認真學習外，並表示大家過去是擁護和響應孫中山民主的號召，而投身黃埔軍校的。曾在正確的革命道路工作和奮鬥，但不幸後來走上歧途，現在新中國誕生了，不但贏得抗美援朝的勝利，國際地位空前提高，中國人民真正站起來了。作為一個中國人，應從全局和長遠觀點著想，才能使新中國發揚光大。

張治中說完後，並詢問杜聿明的想法。杜聿明回答：對於抗美援朝中的中國人民志願軍，跨過鴨綠江，保和平、衛祖國的豪情壯志，感到無比敬佩。我被俘後，原來潛在體內的多種疾病復發，危在旦夕，是共產黨不記前嫌而大力搶救，這種人道主義精神，深銘肺腑。

戰犯們在功德林，最初只有學習，此外無事可做，有些閒不住的戰犯，自動打掃庭院、整理環境，管訓所人員只好將自願參加這些勞動者組織起來，分別參加日常生活必須的工作。後來，分有清潔組：分區域負責打掃寢室甬道及庭院衛生。洗衣組：負責戰犯換下的衣服洗滌工作。送飯組：因宿舍距廚房相隔甚遠，百多人一日三餐的飯菜，由體力強壯去領取送到宿舍食用。圖書室：擔任保管圖書、借書還書登記。煤炭組：各房間冬季取暖都使用煤爐，擔任領發煤炭及引火柴。

管理所人員安排各組人選，考慮到杜聿明身體欠佳狀況，沒有給他分配工作，他卻主動要求分配勞動，後來，他發現管理人員將損壞消滅蚊蠅用的噴霧器送到城裡修理，需要一周才能修好取回使用。他就向管理人員表示，我身體不好，不能做重的勞動工作，這個修理噴霧器事情，就先讓我來檢修試一試。

管理人員看杜聿明非常誠意熱心，就同意了。他就在室外找一塊空地，將所有損壞的噴霧器集中擺在地上，然後自己坐在小凳上，一個一個拆開檢察，找出損壞的原因和毛病，向管理人員要了一些應用材料，經過一一調整校正，費了一天不停工作，將十幾個噴霧器全部修好。

功德林管訓所所有一百多名戰犯，他們的衣服被褥時有破爛，鞋襪亦常損壞，管訓所為了解決這個實際需要，特別向有關單位申請了幾部縫紉機，成立一個縫紉組，專門負責為所內戰犯修補衣服等。同時徵得杜聿明、王澤浚、韓浚、梁培璜、文強、沈醉等人自願參加縫紉組。

大家公推杜聿明為縫紉組長，組內分機工、手工兩部分。全組人員中，只有杜聿明對縫紉技術不陌生，因為在抗日戰爭時，他當時任第二百師長駐湖南湘潭，曾組織軍官家屬辦了一間縫紉工廠，經常到工廠視察，並常親自操作縫紉機，覺得很有意思，同時藉機學習裁剪、縫紉技術，而且他幼年對機械就有興趣，所以對縫紉機的構造，也細心觀察，因而對縫紉技術一接觸就能操作。

因此，杜聿明在縫紉組裡充分發揮了組長功能，他不僅自己搶著修補衣服工作，還不斷指導同組人員操作縫紉機，而且一旦縫紉機發生故障，他馬上可以檢察修好，所以這個組在他推動下，不但工作順利，也博得其他管訓戰犯一致稱讚。

一九五八年十月一日中共國慶，中共決定讓功德林管訓所一百多名國民黨戰犯參加。此時由於時近初冬，天氣較冷，加以戰犯多是年歲大而抗寒力弱的一群，急需棉衣禦寒外出參加國慶，時間不多，杜聿明為了如期完成這項工作，不分晝夜趕工，終於如期完成，使每個戰犯穿上新製的棉服參加國慶，管訓所領導人事後特頒發獎狀表揚杜聿明等人。

杜聿明喜歡從小地方動腦筋，當他看到管訓所打掃清潔衛生，需要擦地的拖把，就把做棉服時剪裁下來的邊角廢布料，搜集起來，然後整理，以縫紉機縫兩道線聯結成長條，然後扎成拖把，這樣進行就做成了十多把布拖把，分發清潔人員使用，使用的人都稱方便好用。後來，杜聿明和縫紉組人員對一條小碎布都捨不得拋棄，集中起來不斷做拖把，從此，管訓所就不必花費向外購買，而且縫紉組也做到廢物利用目的。

一九五八年，管訓所為進一步推動戰犯的深入改造，選了一批身體強健有勞動能力的戰犯，到小湯山西側的秦城公安部農場，從事勞動鍛練。並規定年老體弱的人，一律不去。經杜聿明再三要求，始獲同意前往。

秦城位於燕山東龍，西面靠山，北、東、南一望平野。燕山腳下有一地下泉，滾滾而出，匯成溪流，通過農場蜿蜒東去。登臨其間，景物宜人，極目碧空藍天，呼吸新鮮空氣，頓覺耳目一新，精神舒暢。

到秦城的戰犯，按體力強弱分了五個組，杜聿明分配到體力弱的第四組。體力強的一、二、三組，擔任到山上種植果樹，以及從小湯山到秦城農場公路兩側的植樹綠化工作。杜聿明的第四組，則整理山下一塊葡萄園任務。

春風鮮凍，葡萄園的整理正是時候，首先是破土起苗，使上年冬季埋在地下休眠的枝條出土，搭架剪枝。杜聿明在未參加葡萄園整理工作之前，只知道吃葡萄，卻不知道葡萄如何生長，所以這項工作，引起他異常興趣，工作起來非常起勁。

在秦城，最使杜聿明難忘的一次勞動，就是上山摘杏。農場山上的杏樹很多，當年正值豐年盛產，豔紅金黃的杏子，壘壘懸掛在枝條上。而且山上的杏樹，有紅顏色的紅杏，白顏色的白杏，味道各有不同。

戰犯們在被俘管訓至今，伙食尚可以，但吃新鮮的水果，這還是第一次，因此大家品嚐後，覺得格外香甜可口。所以戰犯們感覺，雖然名為勞動，實際對健康間接亦有助益，而且可以吃到由樹上摘下的新鮮水果，大家也就不會感到辛苦。

五、中共特赦釋放囚禁十一年的杜聿明

中共對國民黨一百多名戰犯在北京功德林管訓所學習成果甚為滿意，決定安排戰犯首次外出到北京、天津、東北等地參觀，藉機讓戰犯們親眼看一看中共治理下的中國面貌。

被中共管訓達八年之久未與社會接觸的國民黨戰犯，先在北京活動了一個星期，首先參觀了王府井百貨大樓。杜聿明等在這座三層百貨大樓內，首次看到貨櫃中商品種類繁多，五光十色，琳琅滿目，顧客熙熙攘攘，售貨員態度周到和藹，反映了國家工農業的發展成就，人民生活水準的顯著提高，心中感到興奮。

接著安排參觀了永定河上游的官廳水庫，該河水為歷史上有名的害河，暴雨時河水橫溢，下游泛濫成災，枯水季節，河水乾涸，給工農業生產和人民生活用水帶來極大困難。為了根本治理，一勞永逸，中共經過評估研究，就在永定河上游隘口修建了官廳水庫，以便調節水源。杜聿明驚嘆這座大水庫的工程，主堤大壩巍然屹立，庫內碧波萬傾，一望無際。靠大堤北端，裝有五萬千瓦發電機組。利用水庫發電。水庫四周，群山掩映，風景綺麗。

到天津，杜聿明等被安排住進鬧區的一幢大廈，憑欄俯瞰，街上行人如織，五光十色的商店櫥窗，遠處轟立高低的工廠煙囪盡收眼底，充分顯出城市的繁榮景象。

在東北，先後遊覽了瀋陽、鞍山、長春三大城市。在瀋陽參觀鐵西工業區一座機器製造廠，杜聿明對機械特別有興趣，聚精會神聆聽工程師現場講解，眼看機械新穎進步，深感自己落伍太多。

杜聿明到鞍山，參觀了大陸最大的鋼鐵聯合企業。當煉鐵高爐出鐵時，鐵水奔流，火花四濺的壯觀場面，感觸很深，因為回想十年前，曾盤踞此地，當時到處是敗瓦頹垣，荊棘叢生，一片荒涼。而十年後的今天，鐵水奔流，鋼花閃耀，一派興旺景象，今昔對比，真有霄壤之別。

接著到長春，杜聿明等參觀了成立不久的長春第一汽車製造廠。當他在裝配車間看到從流水作業線上，每八分鐘開出一輛汽車時，不禁驚嘆技術的進步。到了停車場，看到一排一排的光彩奪目嶄新卡車，情不自禁跑去用手輕撫，因為他曾任機械化兵科的，當時國人無自己製造，飽嚐外國二手貨的坦克、汽車受制於人之苦，修理零件不得不看外國人臉色，現在面對國人自造的汽車，自然感觸良深！

中共安排管訓八年的國民黨一百多名戰犯首次外出參觀遊覽外界各地，獲得良好反應後，翌年春季，管訓所又安排前往武漢參觀完工啟用不久的武漢長江大橋，也是大陸橫跨長江的第一座鐵路公路兩用大橋。杜聿明等一行由漢陽龜山橋頭登上該橋，眼見公路橋上，車輛行人往來如織，鐵路橋上一列列火車急馳而過，因而使大家回憶到從前，武漢三鎮交通，全依賴輪渡或一葉扁舟，渡一次需半小時以上，如今只要幾分鐘就可安達彼岸，既安全又快捷，帶給人民極大方便。

國民黨戰犯們漫步大橋人行道上，憑欄四顧，武漢三鎮雄姿英發，萬里長江浩蕩東流，大陸河山，堪稱錦繡，置身其間，感到無比舒暢和自豪。

一九五九年九月十八日，人民日報發表了毛澤東向全國人民代表大會提出建議：在慶祝中共政府成立十周年時，特赦一批確寔已經改惡從善的戰爭罪犯等。

接著，劉少奇也發布特赦令，其內容是：

根據第二屆全國人民代表大會常務委員會第九次會議的決定，對於確寔改惡從善的蔣介石集團和偽滿洲國的戰爭罪犯、反革命罪犯和普通刑事罪犯實行特赦。

一、蔣介石集團和偽滿洲國的戰爭罪犯，關押已滿十年，確實改惡從善的予以釋放。

……

這個命令，由最高人民法院執行。

一九五九年十一月底，在秦城農場勞動的全部戰犯回到了功德林管訓所，但沒有安排學習活動，僅通知各戰犯把自己衣服洗刷清潔，並理髮整理儀容。

同年十二月三日晚飯後，管訓所人員通知杜聿明，翌日上午九時開大會，特赦一批戰犯，要他準備發言。

一九五九年十二月十四日，在功德林管訓所戰犯早餐後，於上午九時三十分整隊依次進入禮堂。十時整，中共最高人民法院及公安部首長進入會場，特赦大會開始，由一位法官致詞並宣讀特赦十名國民黨戰犯，名單是：杜聿明、王耀武、曾擴情、鄭庭笈、宋希濂、楊伯濤、陳長捷、邱行湘、周振強、盧浚泉。

法官宣讀特赦通知書，原文如下：

中華人民共和國最高人民法院特赦通知書。一九五九年赦字第一號。

遵照一九五九年九月十七日中華人民共和國主席特赦令，本院對在押的蔣介石集團戰爭罪犯杜聿明進行了審查。

罪犯杜聿明，男性，五十五歲，漢族，陝西省米脂縣人。該犯關押已經滿十年。在關押期間，經過勞動改造和思想教育，已經有確實改惡從善的表現，符合特赦令第一條規定，予以釋放。

杜聿明接下法官給他的特赦通知書，內心的激動難以抑制，捱過十一年的囚禁生活，嚐盡人生甜、酸、苦、辣的滋味，一起湧上心頭，熱淚不由自主地奪眶而出。

特赦大會結束後，被特赦的杜聿明等十人，回到功德林，管訓人員發了每人新棉衣褲、棉鞋、棉大衣等，並領回管訓所保存的自己貴重物品。然後，由北京市人民政府民政局和北京市委統戰部工作人員，用汽車接進市區，分送各旅社暫住。

杜聿明被安排住進前門外遠東旅館，踏進旅館房間，頗有隔世之感，同時也想起管訓學習的一切，更想起自己多病的身體，在中共悉心診治下，躲過了死神的召喚。尤其有時陷入「萬事俱休」的低潮之際，與在美國定居的妻子曹秀清，以及女兒杜致禮和女婿楊振寧等書信往來中，獲得溫暖的慰問，使他有「重生」的勇氣。

杜聿明等十人特赦釋放安置旅館後，每天依然不出房門一步，只是在房內閱讀書報或是給親友寫信，此外就無所事事。後經北京市人民政府人員說明，特赦釋放後，就享有公民權利，在憲法範圍內，都可以自由行動，沒有任何限制，盡可以到外面活動。

杜聿明囚禁十一年的顧慮心鎖，經中共人員解說打開後，才開始活動起來，他首先到天安門廣場，瞻仰了四周雄偉壯麗的建築和高聳入雲的人民英雄紀念碑，然後，仔細觀摩了表現中華民族自鴉片戰爭以來百餘年的近代史之四面浮雕。在天安門廣場，他足足瀏覽了半天才離開。

自此之後，杜聿明分別遊覽了故宮、中山公園、北海、景山等名勝古蹟，心情逐漸舒暢，加以接到妻子曹秀清、女婿楊振寧、女兒杜致禮的來信，生活日益豐富，精神上再也沒有拘束了！

六、周恩來以黃埔軍校老師身分接見杜聿明等人

一九五九年十二月十三日，北京市人民政府通知杜聿明等人，十四日下午有首長接見，不要外出。

翌日，下午開來一輛大型轎車，將杜聿明等人接到中南海，被領進一間大會客廳，室內沙發排成一個圓形。當時有中共幹部向杜聿明等宣布：今天是周總理接見你們。

杜聿明等聽後，異常驚喜！因為，周恩來曾是黃埔軍校早期的政治部主任，特別是黃埔第一期學生杜聿明、曾擴情、宋希濂、周振強和第三期學生王耀武等，都曾親聆過周恩來的政治課，今日能見到「老師」，大家內心既激動又欣喜。

正當杜聿明等人激動欣喜、思緒紛亂之際，中共中央統戰部長徐冰陪著一人走進客廳，並為大家介紹說：這是清朝末代皇帝溥儀，他是在撫順管訓所第一批特赦的。

溥儀身穿一套藍棉制服，戴一副深度白色眼鏡，在徐冰介紹後，向杜聿明等人頻頻點頭致意，然後就坐。

片刻，周恩來緩步走進會客室，跟隨的有陳毅、習仲勛、張治中、傅作義、邵力子、章士釗等人。在大家起立鼓掌歡迎後，周恩來與特赦人員一一握手而示意大家坐下，滿面笑容環視了一周，然後關心地詢問每個特赦人員的身體健康情況、家庭親屬情形。

周恩來聽到楊伯濤敘述他的妻子沒有隨胡璉十八軍逃往台灣，而是回到原籍芷江，在縣被服廠當三級縫紉工，自食其力撫養子女上學情形後。

周恩來點頭微笑，以示稱讚。

接著，周恩來對曾擴情說：我在黃埔軍校的時候，還不到三十歲，有很多學生年齡比我大，我當時感到有很大壓力。

曾擴情回答：我那時已三十開外，學生比老師還大幾歲哩！

周恩來轉面和溥儀談起旗人的習俗、服裝和禮節。周恩來表示：我和人接觸，一看到具有特徵的，就知道他是一位旗人。

陳毅也接著對溥儀說：我早年在北京讀書的時候，還是你的臣民哩！

在大家一陣笑聲中，杜聿明對周恩來表示：學生對不起老師，沒有跟著老師幹革命，走到反革命道路上去了，真是有負老師的教導，對不起老師！

周恩來不假思索回答：不能怪你們學生，要怪老師沒有教好。說完，接著爽朗地哈哈大笑起來，在笑聲中也將客廳裡的嚴肅氣氛沖淡不少。

杜聿明又向陳毅回憶似地說：我在淮海（徐蚌）戰場被俘時，老總要見我，我當時卻抱著與共產黨誓不兩立的反動立場，拒不見面。現在回想，確寔是頑固透頂，應該罪加一等。

陳毅擺一擺手微笑道：過去的事，就讓它過去吧！

大家在客廳裡漫談了一陣後，周恩來似乎仍以在黃埔軍校上課對學生講解口吻，向在座的特赦人員作了較長的談話。他從立場問題、觀點問題、工作和生活問題、前途問題等四個問題一一分別說明和分析。

周恩來強調，以民族問題為例，過去是一個民族壓迫另一些民族，溥儀在清末登基時才兩三歲，那時是不能負責，但在偽滿時代就要負責。在今天，各民族都應該得到承認和尊重，各民族之間應該平等相處，互相幫助。

周恩來指出，民族立場很重要，共產黨對蔣介石還留有餘地，就是因為他在民族問題上對美國不認同，還對立不讓，他曾堅持反對托管、反對搞兩個中國，保持了民族的自尊。

周恩來最後含有指示性地表示：關於大家工作和生活問題，要好好安排一下。參觀學習的目的，就是為了幫助你們進一步了解國內情況。你們要回家的、接眷屬的都可以。兩個月後，考慮安排工作。

周恩來離開客廳時，特別向杜聿明說：與妻子曹秀清、女婿楊振寧通信時，勸他們回大陸看看。

因為曹秀清和杜聿明結婚後，繼續考進學校深造時期，就曾參加了共產黨。杜聿明的女婿楊振寧，係著名美籍中國物理學家，又是國際知名的「諾貝爾獎」得獎人，中共極欲邀請他回大陸參觀講學。

章士釗似乎加重語氣向特赦人員再次叮嚀：在共產黨和毛主席領導下的新中國，對各位將軍進行特赦，這在我國歷史上還是第一次，希望大家要按照周總理的指示去辦。

周恩來接見特赦國民黨的將軍後，中共統戰部安排周振強回浙江原籍、楊伯濤回湖南原籍探親外，並同時將散住遠東旅館的杜聿明和其他旅社的九人，全部集中住進崇文門內的崇內旅館。因為這個旅館面對東單公園，環境幽雅，風景宜人，對年歲稍大的人身心活動，甚有裨益。

杜聿明此時心境平靜，將自己十一年遭遇向在美國的妻子曹秀清細述，並盼她能來北京團聚。同時也函告女婿楊振寧，他已被特赦，現在是自由身，如有機會，盼望回大陸一遊。

中共統戰部對特赦的國民黨將軍們安排，曾放出試探訊息，台灣的國民黨如願接回這批特赦將軍，中共同意護送到香港轉往台灣。但是，台灣國民黨方面當時沒有任何反應，似乎婉拒了中共這項含有統戰意味「放人」動作。

後來，中共統戰部就遵照周恩來的指示，對特赦人員安排的原則是：凡在大陸沒有親屬及願意留在北京的，可以留在北京。在外地有親屬者，可以前往團聚。其中曾擴情、盧浚泉、陳長捷、邱行湘四人，願往外地和親屬團聚，統戰部還特別舉行歡送餐會，並妥善安排他們交通及家庭的生活等。

七、杜聿明奉命接待外賓借服裝充場面

留在北京的杜聿明、宋希濂、王耀武、鄭庭笈四人，度過一九六〇年元旦，接著又歡樂過了舊曆春節，在此期間內，他們四人相偕遊覽北京近郊不少風景名勝地區，而且周振強、楊伯

濤也由原籍探親回到北京，統戰部即依周恩來的意旨，將杜聿明等六人安排到南郊中朝友好紅星人民公社工作，讓他們和勞動人民相處一段時間，體驗生活。

紅星公社，是中國與朝鮮友好的象徵，每年朝鮮駐華使節都要到這裡勞動，外賓也常到這公社參觀。公社主要種植稻、麥、玉米、果木、蔬菜，還有馬場、奶牛場、豬場等，開展多種經營型態。

為顧念杜聿明等六人的體力，公社分配他們到果樹隊工作，住在一幢磚瓦結構的平房裡，每人都有單人床及書桌等家具。這裡是半天勞動、半天學習，星期天照例休息。

果樹隊長石浚泉、技術員王效恕，都熱誠把果樹管理技術傳授給他們。杜聿明置身在這種融洽的環境中，心情格外舒暢，學習也格外專注，逐漸對培植幼苗、嫁接芽枝，葡萄起土上架，澆水施肥，剪枝蔬果等管理技巧，有了初步的領悟。

杜聿明幼年對花卉就很喜歡，所以對這項工作特感興趣，他心靈手巧，又肯下苦工，進步比別人更為顯著。

在公社過了一段時間，杜聿明對周圍環境更為熟悉，因而知道紅星公社還有一座農機修配廠，主要是維修拖拉機、農業機械和汽車，同時還生產一些研發的小農具。

由於杜聿明曾在機械化部隊服務過多年，不僅在技術上很有根基，而且也和機械結下深厚感情，所以他愛這行更勝於愛果樹栽植工作，因而情不自禁地獨身跑到農機修配廠去參觀。當他走進修配廠，看到農機技工在修理機器，聽到馬達轟鳴和捶擊金屬的聲音，頃時感到技癢難忍，恨不得自己下場一顯身手。

經杜聿明深入了解，修配廠工人只有二十人不到，但待修農具車輛卻排滿院子空場上，技工不停修都修不完，顯示人手不足，於是他自動請求公社主管准調農機修配廠工作，公社主管和該廠人員均表歡迎。

杜聿明到修配廠後，勤懇和技工們一起修理工作，修理汽車時，他一樣鑽進汽車底盤下面，長時間地蜷伏在地上檢修，不完成決不輕易罷手。

當年，中共經濟困難，北京市民政局仍發給杜聿明等每人生活費，每月六十元、糧票四十斤，這在當時要算特殊照顧標準。可是，由於糧食不足，公社技工等在食堂吃的是摻野菜的「菜和飯」。杜聿明為了與社員同甘共苦，也一起到田野採集野菜，一道在食堂吃「菜和飯」果腹。

杜聿明雖然身體健康欠佳，從不以市府所發的每月生活費，去買包子或麵條享受，依然與大家一樣刻苦吃「菜和飯」，毫無怨言。

杜聿明在紅星公社工作一年期間，對基層生活親身體驗獲得豐富心得，以致新聞界和學術界不斷訪問他，並勸他將親身經歷記錄下來，為文史作貢獻，因此，他一有空，就執筆撰寫，結果前後完成的文章，計有蔣介石解決龍云經過、中國遠征軍入緬對日作戰述略、華北古北口抗日記要、徐州會戰的戰車部隊等，這些文章先後在「文史資料選輯」上發表。

一九六〇年五月間，北京市民政局通知杜聿明，要他準備參加外賓的宴會。他頃時感到為難，因為他除了特赦時管訓所發的一套棉服外，再沒有其他像樣的服裝。當時春末夏初之際，更沒有適合的衣服，怎能去見外賓呢？

正在為衣著苦惱的杜聿明，突然想到楊伯濤有幾套舊中山服，是他妻子從前由芷江來北京看楊伯濤時帶來的。杜聿明就在這幾套舊中山服中，選了一套淺色的試穿，雖然感覺稍為短些，但勉強看得過去。

杜聿明依照規定時間，坐上來接的汽車到達人民大會堂宴會廳，才知道是周恩來和陳毅宴請來訪的英國陸軍元帥蒙哥馬利。

這次要杜聿明作陪，主要是在第二次世界大戰期間，蒙哥馬利是非洲戰區地中海戰場的指揮官，杜聿明則是中國戰區中緬戰場的指揮官，彼此知名，互相傾慕。

蒙哥馬利元帥對這次與杜聿明會面，感到非常滿意，因為兩人晤談中，蒙哥馬利得知中國共產黨對俘後國民黨將領的政策，表示讚賞。

在宴會廳休息時，陳毅看了看杜聿明穿著雖不合身，但尚整潔，微笑輕聲說：你這身服裝，還不錯呀！

杜聿明靦腆回答：這是借來的。

陳毅不禁哈哈大笑。

杜聿明這次臨時奉命接待外國貴賓，應對之間，尚為得體，博得周恩來稱許。

後來，柬埔塞國家元首西哈努克親王到大陸訪問，周恩來設盛宴歡迎，也邀了杜聿明參加作陪，開宴前，周恩來一一介紹參加宴會的人員，輪到杜聿明時，周恩來介紹指出：這是杜聿明將軍，也是世界著名的物理學家楊振寧博士的岳父。

由此，周恩來不但內心依然對國民黨將領的尊重，對國際學者專家更為重視。

杜聿明等六人在紅星公社體驗生活期間，經常受到周恩來和陳賡大將軍的關懷，其原因是他們六人在學習勞動中，表現出眾，加上均是出身黃埔軍校，又是國民黨的將軍。

周恩來曾在黃埔軍校初期，當任政治部主任，與當時學生互動接近，是大家尊敬的老師。陳賡大將軍是黃埔軍校第一期學生，他們兩人對黃埔軍校可能都有一份情感。

陳賡和杜聿明、宋希濂兩人，都是第一期同隊的同學，這種特殊關係，按照當年黃埔同學風趣而親切的說法，是「一道穿草鞋的同志」，同學間被強大的革命紐帶和「親愛精誠」的校訓緊密結合在一起，彼此十分關心。

當時，陳賡是中共國防部領導人之一，並兼任東北的一個軍事學校校長，雖然任重事繁，可是在周恩來的支持下，依然趕來多次和杜聿明等老同學見面，以滿腔革命熱情，幫助失途的昔日戰友重新振作起來，攜手共進。

陳賡有時還同時邀約陳明仁、鄭洞國、侯鏡如、唐生明四位黃埔軍校同學，齊集四川飯店餐敘。他對大家表示，我們從黃埔到大革命是團結在一起的，由於革命形勢變化發展，把我們分成兩條截然不同的道路，以致兄弟鬩牆，打來打去。

陳賡接著感性地說：現在我們終於又合在一起了，就應該團結走到底，永遠不再分開了！

一九六〇年十月間，周恩來為了增強黃埔軍校出身被俘國軍將領的向心力，特別以曾任黃埔軍校教育長張治中名義，邀集在北京的黃埔軍校同學到頤和園聚會，並囑咐有家眷的也要偕同參加。

在北京的黃埔軍校同學接到邀請函，大家都依照聚會的十月十九日上午到達頤和園，計有文白夫婦、邵力子夫婦、屈武、陳賡夫婦、鄭洞國夫婦、侯鏡如夫婦、黃雍、李奇中、覃异之、周嘉彬夫婦、唐生明夫婦、杜聿明、宋希濂、周振強、王耀武、鄭庭笈、楊伯濤等。

周恩來偕妻子鄧穎超到達會場時，大家鼓掌歡迎。周恩來強調，這次集會，是黃埔師生聯歡。接著對杜聿明等六人在紅星公社生活表示關心，對他們工作細節，也詢問得甚為仔細。周恩來說：張治中老師現在頤和園休養，所以趁這個機會，請治中老師邀約同學們到這裡見面。

會餐完畢，周恩來認為大家聚會不容易，要大家照一張團體照片，留個紀念。

一九六一年二月，杜聿明等六人在紅星公社勞動鍛鍊體驗生活已達一年，中共中央統戰部和北京市民政局按照周恩來的意旨，將他們六人接回城內，仍安排住進崇內旅館。舊曆春節，統戰部在政協禮堂第一會議廳舉行座談會，統戰部副部長徐冰宣讀了經國務院批准、人大常委會通過的任命書，任命溥儀、杜聿明、宋希濂、王耀武、周振強、鄭庭笈、楊伯濤七人為全國政協文史資料研究委員會專員，正式參加國家機關工作。

杜聿明等七人於一九六一年三月一日開始到全國政協文史資料研究委員會上班。該會是周恩來所創設的，起因是在一九五九年一次邀集六十歲以上老年人的座談會上，周恩來有感地提出建議：把大家親身經歷記錄下來，傳之後代。

不久，即在全國政協成立了文史資料研究委員會，辦公室設在原是清朝順承王府，宮殿式建築，花木扶疏，環境幽雅，頗為適合研究撰述文史的好所在。

而且，杜聿明等人在此工作，生活上也得到相應的照顧，不但居住條件提升不少，每戶設有寢室、客廳，還有暖氣及衛生設備，並按照公費醫療制度，可享受到高級幹部同等保健待遇。

杜聿明置身如此悠靜舒適環境中，並經常與美國的妻女及女婿楊振寧通訊，在精神上更獲得親情撫慰，所以工作特別起勁，他不斷積極撰寫文史資料，力求忠實將以往經歷的事寔記錄下來，藉供史學家和後人參考。在努力之下，先後寫了「遼瀋戰役概述」、「淮海（徐蚌）戰役始末」、「蔣介石破壞和平進攻東北始末」等文章，先後刊載在「文史資料選輯」中。

張治中獲悉杜聿明等在新工作中努力勤奮表現，曾特邀聚在和平賓館會餐。張治中在席中強調：你們當中喪失配偶的，可以重新組織家庭，家屬在大陸的，將向統戰部和政協領導建議，把家屬戶口遷入北京，以便闔家團聚。

杜聿明回答：蒙張老師的關愛，我們一定努力將自己應負責的工作做好，決不負張老師的期望。

不久，北京市民政局便將這些人中的外地家屬戶口遷入北京，家屬在海外的，中共也全力在各方面提供協助，盡量促成回大陸與親人團聚。

杜聿明受到極大的鼓舞，也積極和在美國的妻子曹秀清通信溝通，期盼她能早日回到北京團聚。

八、蔣介石面准曹秀清到美國並囑勸楊振寧回國效勞

杜聿明被俘後在中共的「功德林」管訓期間，經過中共的安排，早就與在美國定居的妻子曹秀清、大女兒杜致禮、女婿楊振寧博士取得聯繫。

雙方經過長期的通訊，互相有了初步了解分別後的情況，杜聿明的妻子曹秀清，始逐漸掃除對中共的疑慮，決心回北京和丈夫杜聿明團聚。

促成曹秀清成行的主要原因，是她的女婿楊振寧得諾貝爾獎的一九五七年，有機會到瑞士日內瓦工作數月，特地電告大陸的父親，並殷盼他能到日內瓦相聚。

由於中共籠絡諾貝爾得獎人，特別許可楊振寧父親楊武之教授前往日內瓦探親之行。

楊武之在日內瓦與兒子楊振寧、媳婦杜致禮、孫子楊光諾等一家人共同生活期間，不斷介紹了中共各種新氣象和新事物，並要楊振寧博士有機會到大陸親身看一看。

一九六〇和一九六二年，楊振寧和父母親兩次在日內瓦相聚，雖然他的父親楊武之教授一再稱頌中共所創建的新中國，但在楊振寧內心仍有一絲疑慮，不過，也改變了楊振寧對中共的一些看法，所以，他才全力支持岳母曹秀清回北京與岳父杜聿明團聚。

一九六三年，杜聿明認為中共對他態度是真實的，乃向中共提出協助准他的妻子曹秀清安全返回大陸定居。

當時，杜聿明在美國的女婿楊振寧已得諾貝爾獎，因而中共不但很快同意杜聿明所請，而且通知中共駐國外有關使館周密安排。杜聿明更以興奮心情請了三天假，將家裡整理得煥然一新，準備迎接分別十六年未見的妻子曹秀清歸來團聚。

曹秀清在中共的安排下，是從美國紐約先飛到瑞士日內瓦，與中共使館接上頭後，在日內瓦住了十天，辦理回中國的護照。然後由日內瓦經莫斯科直飛北京。

同年六月三日，杜聿明興高采烈，穿著自認整潔服裝，清早即由住處動身到飛機場等候。當曹秀清含著「近鄉情怯」情緒步出北京機場，與一別十六年未見的杜聿明熱烈握手時，頗有「恍然隔世」的感覺。

杜聿明和曹秀清夫婦手挽著手笑逐顏開回到家裡，親友們圍著他倆齊聲道賀。他倆回答：是啊！分手快十六年了，真沒有想到還有今天！

中共政協特地給杜聿明一週休假，使他好好陪陪久別的妻子曹秀清。親友們並在北京前門全聚德烤鴨店設宴歡迎曹秀清。

曹秀清回到北京後，重新安排家庭生活，對杜聿明的飲食起居，照料得非常周到。夫婦倆人很少外出，杜聿明從政協下班後，不是在院子裡修花除草，就是在燈下夫婦倆人玩橋牌或看電視，日子過得十分幸福美滿。

當杜聿明關心詢問別後十六年海外生活，以及爭取回北京的情況，曹秀清感慨萬千地訴述如下的曲折過程——

一九四九年一月，國共兩方於徐蚌大戰而國民黨部隊落敗後，傳出的消息是杜聿明「生死不明」，留下一位老母親、六個孩子和我，真不知如何是好！

當時國民黨大員們驚慌失措，先後遷往台灣。我以為杜聿明為蔣介石忠心賣命多年，才落得「生死不明」，在大陸我又無所依靠，跟著國民黨到台灣，總可得到一些照顧，如是就把全家搬到台灣。

到了台灣，家庭生活和子女的教育費用，卻無人過問，在走途無路時，我只好自己東奔西跑，找杜聿明的老同學、老同事幫忙說情，才勉強將子女安置進學校讀書。

後來，國民黨政府還派人來調查我子女的學籍、學費等問題，他們還說「杜聿明被共產黨殺害了，要設立烈士神位」，接著始給我的子女補助學費。

為了探聽杜聿明「生死」的確實消息，我想設法離開台灣，先到美國找大女兒杜致禮，可是，並沒有人願意協助我，而且國民黨政府也不同意放行，而且從一些跡象顯示，我似乎被國民黨有關單位留作「人質」。

後來，我女婿楊振寧獲得諾貝爾獎，在國際上頗有聲望，我估計台灣當局可能不會再阻止我去美國，所以我再度向國民黨政府提出到美國，並請蕭毅肅作為擔保人。

一九五八年九月間，突然接到通知，蔣介石和宋美齡要接見我。當時我想，從大陸到台灣後的將近十年時間裡，蔣介石對我根本沒有過問，為什麼我要到美國去的時候，他卻要見我呢？

國防部派來一輛汽車，將我接到士林的蔣介石的官邸。我被侍從人員引進會客廳時，蔣介石和宋美齡隨即跨入。他夫婦倆人分別和我握手寒暄後，就請我坐下。

蔣介石先問了我和子女的情況，接著又詳細詢問了我女婿楊振寧的情況。然後蔣介石說：楊振寧和李政道獲得諾貝爾物理獎，為國爭光。

蔣介石接著道：李政道的母親在台灣，楊振寧的父母都在上海。妳這次到美國去，憑著岳母的關係，要爭取楊博士為黨國效勞。

我聽了蔣介石所講的話，心裡在想，我這次到美國，主要是找我的丈夫杜聿明，但為了能順利獲得核准，我表面上不得不順從他的吩咐，所以答道：楊振寧沒有到過台灣，台灣的情況他一點也不了解，我見到他時，一定向他好好介紹台灣的情形。

我接著強調：台灣是個寶島，物產豐富，環境優美，要楊振寧早點回來看看，為建設寶島貢獻力量。

蔣介石微笑點頭說：很好。

蔣介石離開會客廳後，我和宋美齡倆人面對面談了些生活和孩子們的事情。宋美齡還請我吸煙，並親自替我點火，非常熱情。

不久，我就接到國民黨政府核准我到美國的有關文件，接著順利辦妥到美國的出境手續。

我到美國一年後，就獲得杜聿明被中共特赦釋放的消息，真是喜出望外，不久，在女婿楊振寧多方設法下，我也和杜聿明通信聯絡上了。

杜聿明在信上說，他在北京的居住環境很好，有客廳、臥室、廚房、衛生間、暖氣設備等俱全，要我回北京定居，共度晚年。

正在此時，為我到美國擔保人蕭毅肅從台灣不斷來信，催我返回台灣，說我如不回台灣，他就不好交代。

我回信告訴蕭毅肅，我到美國是蔣介石親自批准的，請他到國防部去查檔案。後來，他就沒有再來催我回台灣了。

當我和在北京的杜聿明互相通信後，多少對大陸情形有所明瞭，正準備要回北京時，可是，在台灣和美國都傳播許多批評大陸的負面消息，有些親友甚至當面勸我：妳對大陸的情況又不了解，別操之過急，否則會悔之晚矣！

親友們的勸說雖然影響了我回大陸的決意，可是，我想：杜聿明不致欺騙我，而且，他能在北京生活，我為什麼不能呢？

我曾把心裡的想法，提出來和女兒杜致禮、女婿楊振寧深入分析研討，他們都贊成我回北京，於是，我不動聲色準備回北京與杜聿明團聚事務。

促成我決心回北京的關鍵，是我女婿楊振寧有機會到瑞士日內瓦工作期間，曾與他父親楊武之教授從上海到日內瓦相聚，當面說明了中共在大陸一些實況，因此，不但消除了我對大陸的一些疑慮，也更堅定我回北京的決心。

經過女婿楊振寧和女兒杜致禮，以及楊振寧的父親楊武之等分別在各方努力進行後，經兩方有關機關協助下，一切安排周全。

一九六三年五月二十日，我的女婿楊振寧和女兒杜致禮送我到紐約機場，登上直飛瑞士日內瓦的班機。臨別前，女婿楊振寧仔細叮囑，因我不懂英語，在日內瓦下了飛機後，在預定的地點站著，千萬不要亂動，中共外交使館人員會來接我。

飛機到達日內瓦，我出了機場，照著計劃，在指定的地點站著等候，不一會，果然有人來接我。

當時，我心情非常激動，在異國能遇到中國人，雖然素不相識，也和親人一樣親熱。他們熱心地接待我，非常周密地安排我的住宿膳食，並計劃下一步旅程，詳細向我講述沿途情況及安全注意事項。

六月三日，我順利平安到達了中國首都北京機場，終於見到分別十六年的丈夫杜聿明。

我不禁熱淚盈眶，百感交集。我感謝中共統戰部和全國政協的協助，北京機場海關人員知道我回國定居，也特別照顧，一切物品免稅進口。

國民黨的時代，我曾多次住過北京，這次回來，雖然已是共產黨的天下，可是，北京的面貌完全變了，從機場到東區，汽車走了四十多分鐘，沿途都是林蔭大道。記得臨近東郊一帶，過去是曠野亂墳堆，如今樓宇櫛比，工廠林立。

走進杜聿明所住的房屋，屋內沙發、寫字台、鋼絲床、大衣櫃等，都是政府供給的，每月僅收人民幣五元四角，如果在台灣，每月房租最少需台幣一千多元。

曹秀清回到北京不久，從國外托運的行李也到了，其中有冰箱、二十九吋電視機、空調器、電動縫紉機、照相機等。

親友問曹秀清，為什麼要帶這麼多東西？

曹秀清說：這都是杜聿明在信中所提到，女兒和女婿照買送他的。

杜聿明則表示，是秀清來信問我要什麼？我就開了一個單子，目的是要他們打消顧慮，在北京什麼東西都可以使用，沒想到他們都照單子全買來了。

九、周恩來精心安排杜聿明等攜眷遊覽大江南北

一九六三年十一月十日，中共總理周恩來和副總理陳毅在北京人民大會堂福建廳，接見杜聿明與曹秀清及溥儀夫婦等人。

當周恩來親切和曹秀清握手後說：歡迎妳回國定居，如果有任何困難，可以隨時提出來，我們一定會代為解決。

曹秀清除了連聲稱謝外，內心非常激動，因為她早就想見周恩來。

周恩來指出：近來台灣放出消息，說各位還沒有真正得到自由，我現在要問各位，你們是不是真正自由了？不要有顧慮，可以坦率告訴我，凡是各位感到不自由之處，我們一定採取切實措施，保證各位有充分的自由。

杜聿明和所有文史專員都一致表示：我們的生活、行動，都很自由，一切統由自己安排，沒有任何人干涉。

周恩來接著說：為了讓各位了解我國社會主義建設情況和社會面貌，明年春暖花開的時候，安排各位帶著家屬到祖國各地參觀建設、遊覽名勝古蹟。

周恩來離開福建廳時，特別對曹秀清說：妳是從美國回國定居，不可錯過這個機會，一定要去看看。

不久，中共統戰部副部長張執一遵照周恩來的意旨，對杜聿明、曹秀清夫婦等參觀遊覽作了妥善安排。計劃分兩階段進行；一九六四年春暖花開之際，先到江南的蘇、浙、皖、贛、湘、鄂等省參觀遊覽，預定於五一國際勞動節前返回北京。到下半年金風驅暑的時候，再到延安、西安、洛陽、鄭州等地，於十一國慶節前返回北京。

參觀遊覽團出發前，張執一副部長設宴歡送，並給每人零用費人民幣二百元，由民革領導人陳此生率領，乘快車從北京直往南京。

曹秀清從美國回北京定居後，因為是首次有機會隨團到各地參觀遊覽，十分興奮，並將遊覽參觀情形紀錄如下——

一九六四年三月十一日：偕夫君杜聿明等到達南京，受到江蘇省政協的殷勤接待，寓新街口福昌飯店。南京曾是杜聿明久居之地，城內大街小巷，陵園一丘一壑俱所熟悉。自被俘迄今，睽別已十五年多了，舊地重遊，但見市肆繁榮整潔，再無舊時之紛亂現象，確有「虎踞龍盤今勝昔，天翻地覆慨而慷」之感。

三月十二日：到南京翌日，正是孫中山逝世紀念日，全體晉謁中山陵。杜聿明對民主革命先行者孫中山的靈寢，極為關懷。

在此以前，謠諑紛紜，訛傳中山陵建築被破，因此，一路上大家都懷著疑慮的心情。到達音樂堂廣場大門，拾級而上，直至寢宮靈堂前，整列向孫中山大理石座像鞠躬默哀，繞靈寢一週。

杜聿明拭目注視孫中山棺上的臥式塑像，完整如故。然後又到靈堂外眺望，四周花團錦簇，林木蒽蔚，背後鐘山屹立，氣象萬千。中山陵的宏偉肅穆絲毫不減當年，杜聿明徘徊良久，感到無比欣慰。

謁陵後，大家又暢遊了靈谷寺、明孝陵、梅花塢等風景區。

在參觀南京汽車廠時，陪伴人員指著停在廣場上剛裝配出廠的卡車說：如有會駕駛汽車的，可以去試一試。

杜聿明興致勃勃地表示：我去試試看！他登上駕駛座，熟練地將車發動，繞廣場轉了一圈，跨出駕駛台稱讚說：這車性能不錯。博得大家的掌聲。

南京長江大橋，是我國繼武漢長江大橋建成後的第二座長江大橋。當時正在施工階段，南京政協特意準備了一艘遊艇，讓大家乘船到下關至浦口的寬闊江面看一看架橋工人施工的壯麗場面。

三月十六日至十八日：先後到無錫、蘇州參觀遊覽。在無錫遊覽了惠山公園、梅園。在蘇州遊覽了留園、拙政園、獅子林、虎丘等名勝。飽賞太湖春色，園林美景。同時參觀了無錫惠山泥人廠、繅絲廠。蘇州的高壓電磁廠、蘇繡研究所等工廠企業。

三月十九日：到達上海，住在白渡橋附近的上海大廈。舊上海的狀況，杜聿明是相當的了解。

上海市委統戰部長劉述周介紹時指出，上海市解放以後，迅速肅清了帝國主義殘餘勢力和影響，在人民手中，已改造成為建設社會主義新中國的工業基地。

三月二十日起：杜聿明等除了參觀上海鋼鐵廠、上海手錶廠、印染廠等外，還專門參觀了原來以貧民窟著稱的蕃瓜弄。從前數以萬計的貧苦居民，擁擠在矮小破爛的窩棚裡，污水遍地，垃圾成堆，一片骯髒混亂，如今，到了原地，已經面目全非，一幢幢多層樓房轟立該處，成為環境幽美，清潔整齊的居民區了。

杜聿明等還遊覽了上海的城隍廟、虹口公園、外灘公園。特別是外灘公園，在舊中國是帝國主義租界管轄區域，公園門口豎有「狗與中國人不准入」的牌子。中國人民在自己的土地上受此奇恥大辱，令人髮指！現在，該處則是上海市民最喜愛的遊憩場所，大家都能在此飽覽黃浦江景色，撫今追昔，杜聿明等深感上海確實起了翻天覆地的變化。

三月二十七日：由上海到達杭州。浙江省政協為杜聿明等安排的行程，頭一項就是遊覽聞名中外的西子湖。西湖從明清兩代到國民黨時期，都沒有疏浚過，以致湖床增高，水位最淺處只有半尺。解放之後，銳意整治，一九五四年到一九五八年，組織了大規模的義務勞動和施工隊伍，用人力和機動挖泥船施工，將湖底挖至兩公尺深，挖出的湖泥，堆起來有三十個蘇堤長，且含有豐富的氮、鉀元素，是很好的農肥，農民都爭著運去當肥料用。經過如此整治，湖水清澈如鏡，西湖景色，更增嫵媚。

三月二十八日：杜聿明等乘汽車到新安江水電站參觀，這座國人自行設計施工的大型水電站，水庫儲水量為一百七十八億立方米，發電裝機容量為三十萬瓦，發出的強大電流，通過電網輸送到杭州、上海等處。

杜聿明等登上水庫大壩，舉目四望，但見波濤萬頃，群山環抱，令人心曠神怡，水庫內備有遊艇，讓大家泛舟漫遊，飽覽湖光山色。

在杭州將近一周的時間裡，除了安排參觀外，多般在遊覽，杜聿明等人圍著西湖跑了一圈，遍遊了蘇堤、白堤、城隍山、柳浪聞鶯、岳王廟、靈隱寺、飛來峰、虎跑、玉泉等名勝，深感勞動人民當家作主後，把祖國的河山裝扮得更加豔麗了。

四月二日：杜聿明等一行乘汽車離開杭州，專程前往安徽黃山遊覽。當天抵達，住黃山賓館。

黃山自唐宋以來即負盛名，詩人李太白、文人韓世昌及清代詩人漸思濤等，均曾在此吟詩作畫。黃山海拔一千八百米，風景區直徑達三十公里，有三十六大峰，三十六小峰和五大「海」，還有九龍瀑、人字瀑兩處瀑布。

奇松、怪石、雲海、溫泉，被稱為黃山「四絕」。尤其是奇峰怪石，有「松鼠看山」、「猴子觀海」、「仙人背包」、「仙人下棋」、「五老上香」、「金雞叫天門」等，形態各異，神情酷似，果然名不虛傳。

四月八日：杜聿明等由黃山到杭州參加座談後，即乘車到南昌，江西省政協設宴招待。在南昌參觀了八一南昌起義領導機關駐地「江西大旅社」和周恩來及其他領導人的辦公室，遊覽了青雲譜風景區。

四月十日：杜聿明等乘車經吉安向革命根據地井崗山進發，翌日住茨坪招待所。在茨坪瞻仰了毛主席舊居，參觀了革命歷史陳列館，杜聿明在館內看到朱德用過的扁擔，聽取了當年老紅軍對毛主席在湖南發動秋收起義經過。

四月十四日：由南昌到達長沙，翌日參觀了小吳門外清水塘毛主席和夫人楊開慧的舊居。那是幾間舊式平房，毛主席曾在該屋裡經常徹夜工作不眠。

四月十六日：渡湘江西岸，乘汽車專程向毛主席故鄉韶山前進。韶山建有毛主席事蹟陳列館，杜聿明在此瞻仰了毛主席少年時代事蹟和實物，然後，步行到上方塘，瞻仰毛主席故居。

毛主席的家，是一座普通的農舍，背山面水，茂林修竹，遙對韶山高峰。農村風光，景物天成。毛主席住過的寢室和使用過的農具，都按原樣陳列在屋裡。

講解員向杜聿明等介紹：毛主席的父親毛順生是位普通農民，母親文氏，溫和善良，樂於助人，兩老人皆於一九一九年病逝。大弟澤民，一九四三年，在新疆被軍閥盛世才殺害。二弟澤覃，曾任紅軍獨立師長，在戰場壯烈犧牲。毛主席八至十三歲，在家讀私塾，十三至十六歲，學耕田種菜養魚，十六歲到湘鄉縣東山讀高小，以後考入徐特立任教的長沙第一師範學校，在此接受了無產階級革命新思潮，和一批先驅者創辦了「湘江評論」，並在湖南成立了第一個共產黨主義小組，出席在上海舉行的中國共產黨第一次全國代表大會，成為傑出的革命活動家。

在長沙，杜聿明等遊覽了岳麓山，渡過湘江到湖南大學附近的自卑亭，這裡林深木邃、鳥語花香，無城市囂喧。由此登山到辛亥革命先驅黃興、蔡鍔墓前致敬。然後，鼓勇攀登岳麓山頂峰，摩挲禹王碑，在雲麓宮前遠眺，「湘江東去，桔子洲頭」的美景，歷歷在目。

四月二十二日：杜聿明等由長沙到達漢口，再一次參觀了武漢長江大橋。早在一九五八年春，大橋剛通車不久，杜聿明曾以在押戰犯身分來參觀過。這次情況則大不相同，因湖北省政協對杜聿明等以貴賓接待，並帶家眷同行，行動不受任何拘束，可以盡情觀賞大橋雄姿。

四月二十八日：回到首都北京，準備參加五一國際勞動節的活動。

一九六四年八月初，全國政協按照周恩來的意旨，繼續依照預定計劃，由全國政協副秘書長辛志超、中央社會主義學院副院長魏景昌率領，展開杜聿明等參觀西北等地的行動。

杜聿明妻子曹秀清，有了上次遊覽的經驗，這次更為興奮，她更詳細記錄了沿途參觀遊覽情形——

八月六日：杜聿明等到達古城西安。在此住了兩天，參觀了西安博物館半坡村原始社會遺址，以及幾處工廠。

八月十日：杜聿明一行到達延安。延安大學黨委書記李森桂詳細介紹毛主席在延安期間情況：毛主席率領工農紅軍經過二萬五千里長征，於一九五三年十月到達陝北，一九三七年一月進駐延安，到一九四八年離開陝北，前後共達十三年。在這裡，毛主席指導中國人民進行抗日戰爭、解放戰爭、取得輝煌的勝利，延安成為中國革命的中心。

杜聿明和我都是距延安不遠的米脂人，這次來延安參觀，等於回到自己的故鄉。我們目睹家庭地區物質建設，比早年所見，有了很大的變化，因此比別人更感興奮。我在延安特地選購了一副壓榨當地麵條的木質床子，以便帶回北京，經常做陝北風味的麵食。

這次參觀遊覽，我們除了藉機探訪家鄉外，更是一次極為深刻、脫胎換骨的觀念洗滌！

八月十七日：杜聿明一行結束在延安的參觀訪問，決定返回西安。中共有關領導為了避免大家乘長途汽車的勞頓，特從西安調來一架小型飛機，分兩批飛往西安。

在西安遊覽了臨潼華清池。該池位於驪山腳下，是著名的溫泉浴場。這裡有唐明皇修建的貴妃池，是白居易「長恨歌」中楊貴妃「溫泉水滑洗凝脂」的地方。

此處，更是聞名中外的「西安事變」發生地，因張學良、楊虎城兩將軍為了推動蔣介石停止內戰，一致抗日，舉行兵諫的所在。

此外，還參觀離西安不遠的禮泉縣烽火大隊。該隊大隊長是聞名全國的勞動模範和農民科學家王保京。

杜聿明等乘車進入這個大隊地境時，眼見田疇整齊，一片蔥綠，玉米莖粗葉茂，楊花結實，葡萄滿架，瓜藤連綿。大隊主人十分殷勤好客，在田間參觀以後，捧出大隊特產西瓜，以饗佳賓。

這些西瓜品種多樣，外表呈黃綠黑白等鮮妍色彩，瓜瓤也紅黃白各異。杜聿明以陝西人自居，一邊幫忙招待，一邊笑著說：我是陝西人，可從來沒有嚐過這樣好的西瓜。請各位不要客氣，盡量吃飽為止吧！

大家不客氣地飽食一頓，才懷著極為愉快的心情，向大隊主人致謝揮手告別！

八月二十二日上午：由西安到達洛陽。杜聿明等於下午，遊覽了著名的龍門石窟，在歸途中，又遊覽了蜀漢名將關羽首級埋葬之所「關林」。

八月二十三日至二十五日：先後參觀了洛陽軸承廠、礦山機器廠、拖拉機廠等。同時，還遊覽了唐代修建的我國第一座佛教寺院「白馬寺」。

八月二十六日：杜聿明等一行到達河南省會鄭州，參觀了鄭州砂輪廠、卷煙廠、紡織機械製造廠等。

在鄭州參觀學習，是這次行程的最後階段，有關領導對杜聿明等特加照顧，日程安排注意勞逸結合，使大家在鄭州得以小憩數日。

八月底：大家輕鬆愉快、精神充沛、喜氣洋溢地回到了首都北京，結束了周恩來總理、陳毅副總理對特赦人員安排的參觀旅遊。

杜聿明等在國民黨軍隊中，屬於高級將領，所到之處也不少，但是，像這樣縱橫南北數省、跨越黃河、長江的大規模參觀旅遊，還是生平第一遭。

從這兩段參觀旅遊中，杜聿明更感到祖國河山的雄偉壯麗，祖國勞動人民的勤勞智慧，更加熱愛的中華。

一九六四年十一月，也就是杜聿明等參觀旅遊回北京不久，全國政協根據共產黨中央的安排，特邀杜聿明、溥儀、宋希濂、范漢杰、王耀武、廖耀湘等六人，為中國人民政治協商會議第四屆全國委員會委員。

杜聿明等六人接到上項通知書時，心情無比激動！杜聿明立即寫信給周恩來總理，表達他對人民政府感戴心情，決心以有生之年，為新中國的社會主義建設事，為實現大陸和台灣的和平統一，竭盡努力。

十、楊振寧獲准到北京探望岳父母

一九七二年二月，美國總統尼克森為了打破中美長期對立的僵局，不惜移樽就教，正式到中國訪問修好，與周恩來進行了多次會談，並在上海發表了聯合公報。

美國向全世界承認，只有一個中國政府，台灣是中國領土不可分割的一部分。

繼之，日本內閣大臣田中角榮也到中國訪問，兩國政府發表聯合聲明，並建立外交關係。

周恩來兩次在人民大會堂舉行盛大國宴，都曾邀杜聿明參加。杜聿明為中美、中日恢復邦交感到無比高興，認為這是新中國國際地位日益提高和執行正確外交路線的必然結果。

就在中美恢復邦交的前後，杜聿明女婿、諾貝爾物理學獎得獎人楊振寧博士突破重重阻力，於一九七一年及一九七二年夏季，先後兩次回祖國探親講學。

楊振寧博士原來對中共尚有一些疑慮，當獲得諾貝爾獎後，有機會到瑞士日內瓦工作期間，他的父母獲得中共同意到日內瓦和他相聚前後兩次，經過父子倆人面對面溝通，開始對中共所建的新中國有所轉變，所以，他大力支持岳母曹秀清回北京與岳父杜聿明團聚。

後來，他的岳母曹秀清回到北京，經過親身接觸體會，加上周恩來安排到大陸各地參觀旅遊，對中共也有了新的認識和感受，同時也將這些轉變看法，不斷函告楊振寧，因而使得楊振寧對新中國有了新的期望！

楊振寧早就想到中國大陸親身體驗一番，可是，當時美國總統杜魯門頒布一道命令，禁止所有在美國得到科學技術博士學位的中國人回到中國去，楊振寧也成為受到這個禁止限制的一人。

當美國總統尼克森時代打破與中國的僵局而恢復邦交，楊振寧博士也就獲准前往中國探親講學。

杜聿明和曹秀清夫婦接到女婿楊振寧、女兒杜致禮回中國的電報時，心情萬分激動，與分別多年的長女和女婿團聚的日子終於實現了。

楊振寧博士頂著諾貝爾獎光采踏上中國大地，即受到中共政府熱烈歡迎和殷勤接待。周恩來在日理萬機中也特別抽出時間，兩次都接見和設宴殷情接待楊振寧和他的家屬，每次都和楊振寧親切地交談到深夜。談話內容從科學研究、社會問題、國際動態到家庭生活，範圍廣泛，毫無拘束，給楊振寧留下深刻印象。

一九七三年暑假，楊振寧和杜致禮夫婦第三次回中國探親講學。他們上午到達北京，中午就到杜聿明家進午餐。

中共政協擔心楊振寧的岳母曹秀清忙不過來，特地調派人手協助購買物品及代操作飯菜。席間尚有杜聿明好友鄭洞國、侯鏡如、焦實齊、鄭庭笈等作陪。

接著，鄭洞國又在四川飯店宴請楊振寧博士夫婦，大家交換了對中共施政及建設的看法。翌日下午，也就是七月十七日，楊振寧突然接到中共有關部門通知，毛主席要接見他，當天晚上，中央電視台還播出了這則消息。

事後，毛主席和楊振寧博士還一起照了相，並送了一張給楊振寧，全家都感到無限光榮，這張照片一直掛在杜聿明的會客室裡。

毛主席接見楊振寧時，特別囑他「代問你岳丈好！」。

第二天，周恩來總理在人民大會堂安徽廳宴請楊振寧夫婦及杜聿明夫婦，席間氣氛非常親切，就像一般家人歡聚一樣，使與席的人甚為感動。

楊振寧經過三次到中國實地體驗，深感新中國是在向前進步發展，楊振寧也想起父親楊武之教授的遺言，他曾經對父親有下面的記述：

我父親一九七三年去世以前，一直在北京和上海當數學教授。一九二八年，他曾經在芝加哥大學得到博士學位。

他遊歷甚廣，但是我知道，直到臨終前，在他心底一角，始終沒有原諒我的拋鄉棄國之罪！

楊振寧更明瞭，他現在雖然於學術上有了些成就，並獲得世人欽羨的諾貝爾獎得獎人頭銜，而且也是「美國公民」，可是，依然有「寄人籬下」之感，仍有「種族歧視」的存在。

尤其是在一九五四年中，楊振寧和妻子杜致禮在美國新開發的地段計畫買一棟自住的房屋，付了訂金。不久，開發建商，要退還他已付的訂金，因為楊振寧是黃種的中國人，如果他們買了此地房屋，會影響房屋的銷售。

楊振寧當時異常憤怒，於是找律師要告建商，律師卻勸他不要興訟，因為以律師的看法，他勝訴的機會很小。

楊振寧夫婦對這件購屋被退訂金，而有理無處申訴的往事，耿耿於懷。他後來才逐漸明瞭，像他父親和他自己這樣的知識分子，在美國所受到的屈辱，比起早期來美的中國人，還不是最糟的，但是，人類本能不滿情緒仍然在他內心發酵。所以，他在六十歲出版的「論文選集」中，有一段真實描述他對一個普通人的關懷感情之文章：

一九六〇年初的一個晚上，我從紐約市坐火車經索格到布魯克哈芬。夜很深很沉，搖搖晃晃的車廂幾乎是空的。我後面坐著一位老人，我跟他聊起來。他約莫是一八九〇年生在浙江，在美國住了五十年了，替人洗衣服、洗碗、不一定。他沒有結過婚，一向孤零零住一間房間。他臉上總是掛著笑容；難道他心中真的毫無怨氣？我不明白。

我看到他蹣跚穿過車廂裡燈光黯淡的通道，在灣濱站下車，年老背駝，有點顫巍巍的，我心中悲憤交集！

楊振寧經過內心的挑戰掙扎，他的看法有了大轉彎，他認為，他要為自己生長的國家做點事、盡點力，於是，他有機會就回大陸講學，殷盼能培植中國下一代更傑出的人才為國爭光！

十一、周恩來、朱德、毛澤東在同年內先後逝世

一九七六年一月八日，周恩來病逝北京。不久，也就是同年七月六日，朱德逝世。接著，同年九月九日，毛澤東去世。在一年的時間內，中共卻失去了最高的三位領導人，使大陸人民無限哀悼。

杜聿明對周恩來的去世，尤為感到悲傷，當杜聿明前往北京醫院向周恩來遺體告別鞠躬致哀時，不禁涕淚滂沱，望著安詳地躺在床上的周恩來，久久不肯離去。

杜聿明對周恩來逝世悲慟欲絕的原因，是他當年在黃埔軍校受訓期間，周恩來作為一位革命家，鼓吹革命，慷慨激昂，評論時事，剴切詳明，學生無不欽佩。周恩來作為一位政治教官，對學生又是循循善誘，有如化雨春風，令人感到無比溫暖。

尤其對待杜聿明，親如家人般愛護。後來在徐蚌會戰失敗被俘，曾被中共宣布視為國民黨四十二名戰犯中的一名戰犯，依慣例死罪難逃，但在周恩來援手下，保全了生命。後來，還能

與久別的妻子曹秀清重逢團聚，以及與女兒杜致禮和女婿楊振寧相見。更難得是，在周恩來意旨下，楊振寧的父親楊武之教授，也就是兒女親家，專程從上海到北京管訓的監所探望他，使他獲知在美國妻子和女兒的訊息。

周恩來於一九七三年五月，還吩咐有關單位安排杜聿明、鄭洞國、侯鏡如、宋希濂到廣州黃埔島，省視母校黃埔軍校的舊址，啟迪他們發揚黃埔時期的革命精神。

杜聿明一生閱歷非淺，交往亦多，只有周恩來在他所有的師長中，堅守革命，奮鬥終生，無私無我，正直不阿，所以，他雖離開人世，但他的偉大精神，將永在杜聿明心中。

一九七八年，中共選舉第五屆全國人民代表大會代表時，杜聿明、溥杰兩人被提名為上海市選區的代表候選人，結果兩人都以多數票當選。

後來，召開的第一次全國人民代表大會，也就是第五屆全國人民代表大會第一次會議，在同時召開的第五屆全國政治協商會議上，杜聿明又被選為第五屆全國政協常務委員。

喜訊傳來，在北京的友好紛紛向杜聿明道賀，杜聿明妻子曹秀清以無比喜悅的心情對大家道：我在國外生活多年，資本主義國家國會議員的選舉情況，我知道一些。他們高唱民主制度的優越性，人民享有充分的選舉權利，這完全是騙人的假話。實際上，競選議員非錢不行，是赤裸裸的金錢交易。杜聿明這次被選為人民代表，沒有花費一文錢，這是我做夢也沒有想到的。

中共人民代表大會代表和政協委員，為了明瞭國家政治、經濟、文教、衛生等各方面的情況，深入群眾體察民情，每年都要到各地視察。杜聿明歷年都參加這一活動，足蹟所至，幾乎遍及半個中國。

杜聿明曾視察過新開發的石油生產基地，如大港油田、任丘油田、勝利油田等。每到一個油田，他都要深入遼闊無限的礦區，看一看那些星羅棋布，高聳入雲的鉆台，碩大無棚的銀色儲罐，以及縱橫如織的管道，懷著喜悅的心情觀賞石油生產的繁榮景象。

杜聿明是從舊中國過來的人，他沒有忘記，在舊中國三十年代，許多帝國主義國家，都一致斷言中國是貧油國家。那時中國僅有一個甘肅玉門油田，每年產量只有四十萬噸，所需石油，幾乎全靠從美國進口。

當時，杜聿明到過南京、漢口、廣州各大城市，各處都豎立著巨幅美孚石油公司廣告，看了叫人喪氣。如今，中國已經甩掉了貧油國的帽子，石油不僅能夠自給，而且從七十年代開始出口一部分，又怎能不令人揚眉吐氣呢？

杜聿明還視察中國西南地區，特別是天府之國的四川。看到成都到昆明的成昆鐵路，早已建成通車，航空場站，四通八達，由內地到邊陲，朝發夕至。舊中國時由於交通困難，鞭長莫及，軍閥割據，因而政令不出都門。這些都已成為歷史陳蹟，一去不復返了。

最使杜聿明感到興奮的，是他視察了攀枝花鋼鐵聯合企業。這座大型聯合鋼鐵企業位於成昆鐵路中段。此處蘊藏有品位很高的鐵礦石，而且還蘊藏大量優質煤，在這裡大辦鋼鐵，煤鐵俱備，相得益彰，真可謂得天獨厚。新中國在此建立鋼鐵基地，對於開發西南資源，改善工業布局，促進現代化建設，有無比重大的意義。

一九七八年，中共政協恢復文史資料研究委員會的工作，加強了陣容，中國人民解放軍軍事科學院副院長閻揆要擔任軍事組長，劉琦、孫毅、劉漢、杜聿明等為副組長。其中劉漢、孫毅兩人是長征幹部。閻揆要組長，是杜聿明同赴廣州投考黃埔軍校的十一名陝西青年之一，在黃埔軍校又是第一期的同隊同學，現在重聚一堂共同工作，更加鼓舞了杜聿明的幹勁。

杜聿明深感歲月催人，餘年無多，不惜以衰病之身，力疾從公，絲毫不苟，除處理日常繁多的稿件外，並繼續著手撰寫回憶錄。

杜聿明是一位虔誠的愛國主義者，當他被俘經管訓多年後，中共一度曾欲釋放他從香港回台灣返國民黨，但卻被國民黨所拒，但他內心一絲不怨恨，仍然希望實現大陸和台灣和平統一，他認為，台灣還有不少過去和他有過聯繫的好友同學同事，如能從中影響，架橋引線，解釋疑懼，早日清除台灣和大陸對立狀態，共同建立一個新中國，就是做了一件造福於子孫萬代的大好事。

十二、杜聿明病逝北京在台兒女七人無法獲准奔喪

杜聿明早期患有腎結核病，曾進行手術割去左腎，因此迭次發生感染，罹致肺結核、胃潰瘍、脊椎結核等病症。

一九七八至一九八〇年，曾數度發作，經北京醫學院第一附屬醫院的精心治療，並長期住院休養，病情雖有好轉，但終以身體瘦弱，行動已感困難，並開始策杖而行。

他仍頑強地和病魔作抗爭，力疾從公，參加政協各項活動及文史資料研究委員會本職工作。由於腎功能極度衰竭，到一九八一年春，他即深感不支，乃進入協和醫院治療。在他病情嚴重，生命垂危之際，該院動員大力搶救，使用最先進療法和有效藥劑，輔以精心護理，幾次轉危為安。

杜聿明的女兒杜致禮，得知父親病危，曾於一九八一年一月間，由美國趕到北京，並帶有「人功腎」透析用藥，投入醫療後，一時甚見成效，杜聿明的病情也漸好轉。

杜致禮如釋重負，道別父母返美。可是，一九八一年四月間，杜聿明病情又惡化，腎功能全部衰竭，呼吸困難，不省人事，延至五月七日上午七時二十七分與世長辭，享年七十七歲。

杜聿明在住院治療半年期間，感到生命已到盡頭，所以完成了一份遺囑，原文如下：

余青年時，受孫中山先生革命救國思想之感召，投奔黃埔軍校。自謂救國有路，乃全力以赴，不計其他，於東征、北伐、抗日諸役，均積極從征，略有貢獻。後因對我國歷史發展缺乏正確認識，乃致事與願違，負疚萬分！

一九四九年以來，受中國共產黨的教育，眼界為之開闊，始知只有社會主義才能救中國。幸國家與人民不咎既往，給余再生之機會，且本愛國一家、愛國不分先後之精神，給余分配工作。多年以來，余更得政協常委與人大代表之榮譽，後半生能走上社會主義之光明大道，余深深感到幸運，誓以餘年為國家作出貢獻。

余自分配到全國政協文史資料研究委員會軍事組工作後，除負責審核各方來稿外，並撰寫，整理遼、瀋、淮海等親身經歷諸戰役之經過，還計劃撰寫抗日期間昆侖關、中緬印戰區等戰役之歷史資料，以供史學家之參考及後代教材之用。

年來宿病日趨惡化，深感時日無多，急望生前能完成各項任務，奈何力不從心，殊為遺憾！

余以衰病之軀，竟達逾古稀之年，全仗國家醫療制度之照顧。病危期間，承蒙多方搶救，余夫婦深為感激。

余妻曹秀清素知余志，余已囑其率子女為祖國現代化繼續作出貢獻。

病危深思，最關懷者一言而已：盼在台灣之同學、親友、同胞們，以民族大義為重，早日促成和平統一，共同把我文明古國建成現代化強國，為子孫萬代造福！

當杜聿明病情惡化階段，曹秀清急電女兒杜致禮，囑她立即回國與乃父訣別。杜致禮接到母親曹秀清急電後，於一九八一年五月六日由美國趕回北京，到達雖已傍晚，她仍然不顧旅途疲勞，驅車直奔協和醫院，杜聿明此時呼吸短促而呈半昏迷狀態，雖然不能言語，但心裡尚有感應，似乎已明白是長女致禮已趕到，父女擁抱之際，眼裡竟流出了熱淚！

翌日晨，杜聿明心臟停止跳動，與世長辭。

女婿楊振寧博士獲得岳父杜聿明噩耗，立即兼程趕到北京。中共政協為了楊振寧能參加葬禮，決定將杜聿明遺體的告別式和追悼大會日期延後，以便配合楊振寧乘機抵達時間。

杜聿明告別式舉行後，杜致禮扶著曹秀清捧著杜聿明火葬後骨灰盒至北京八寶山墓地安放。

喪事辦完，楊振寧即匆促飛往日本，參加世界科學組織的會議，他的妻子杜致禮則留下陪伴母親曹秀清，待她情緒稍安才返回美國。

當杜聿明病逝時，曹秀清曾於一九八一年五月十日，分別致電給台灣的蔣經國、台北黃埔同學而與杜聿明第一期同學黃杰、袁守謙、蕭贊育等人，要求台灣當局准許杜聿明在台灣的子女回大陸奔喪。

杜聿明妻子曹秀清在給蔣經國電報中表示：

> 我以悲痛之情，奉告我夫杜聿明於五月七日晨七時二十七分在北京病逝。請轉知我的二女杜致義、女婿徐炳森、二女杜致勇、兒媳王貴華、三兒杜致嚴、三女杜致廉、女婿鄧天才（已於二〇〇二年下半年中病逝）等七人，於五月二十一日前來北京參加追悼會，骨肉團聚，親視含殮，以盡孝思。一俟葬告畢，即行歸返，懇請予以便利，至深哀盼。

同時，鄭洞國、黃維、李奇中、侯鏡如等四人，也給台北黃埔第一期同學黃杰、袁守謙發了電報，希望他們轉請蔣經國准許杜聿明的兒女趕到北京，以盡孝道。

電報發出後，曹秀清在北京翹首盼望。而杜聿明在台灣七位兒女，得到父親病逝噩耗時，不勝哀慟，極想飛渡海峽到大陸奔喪，以盡人子之孝道，立即向當局懇求准許，並同時含悲忍痛往謁父輩黃杰，初時黃杰未予接見，但杜聿明的幾位兒女涕淚滂沱守候外室，堅不離開，加以黃杰與杜聿明在黃埔軍校同是第一期學生，而且兩人感情最好，黃杰始勉強與杜聿明守在室外的子女見面，經過聯繫，只允許杜聿明兒女們可以在台北設靈遙祭。

杜聿明在台灣的子女雖然當時未能回大陸奔喪，但杜聿明妻子曹秀清堅決相信，總有一天阻隔海峽兩岸骨肉之情的障礙定會消除，兒女們終會回到大陸親祭父親亡靈。

曹秀清同時也下了決心，永遠定居在北京，以陪伴杜聿明而繼承他未竟之志！

後語

親情，也就是父母子女、兄弟姊妹血脈相連的關係，不但是世間最珍貴的，更是無任何東西可取代的！

獲得諾貝爾獎的楊振寧博士，當一九四五年十一月間踏上美國土地，內心就有和他父親一代的留美學生一樣想法，學業完成後，就要回到中國為貧窮落後的自己國家服務，可是不久，大陸政局丕變，中國共產黨取代了國民黨，成為新中國的當政者，間接的一些訊息，使得楊振寧對大陸情況產了疑慮。

結果，在瑞士日內瓦與父母親相聚，接著與岳父杜聿明取得通信連絡，後來美國總統尼克森與中共修好恢復邦交，楊振寧親身到大陸觀察體驗，對中共的疑慮，也逐漸淡化，同時內心，又浮起了新中國是自己的「祖國」！

楊振寧博士這種一百八十度的轉變，其中因素雖多，但主要還是受到「親情」的影響！

二〇〇三年十月間，與楊振寧博士相伴五十四載的妻子杜致禮，也就是抗戰期間蔣中正愛將杜聿明的長女，因病過世後，就全力進行培植中國人獲得諾貝爾獎的工作。

二〇〇四年，楊振寧博士經有關人士推介下，與小他五十四歲廣東籍的二十八歲翁帆結婚。翁帆的父親翁雲光曾公開表示，楊教授為科學、為人類、為世界、為國家做出那麼大的貢獻，自從原夫人杜致禮去世之後，一直獨身，需要有人照顧他的生活。因此，翁帆父親認為，翁帆選擇做楊教授的伴侶，照顧他的晚年生活，協助他的工作，是一種美德，就算做出一些犧牲，也是光榮的。

如今，楊振寧博士為報答中共的「禮遇」，雖年過八十，加以認為中國人在數學、物理方面有巨大潛力，絕不弱於外國人，所以，決心在有生之年，為中國培養幾個在基礎科學上有傑出貢獻的年輕人。

楊振寧博士感到迄今尚未有位以中國籍獲得諾貝爾獎，因此，他特別從特優學生中挑選一人，目前正積極親自嚴加傳授，期望達成為「祖國」培養出一位以真正中國籍得到諾貝爾獎的得主，大家正在「拭目以待」！

國家圖書館出版品預行編目

諾貝爾桂冠的魅力：國共爭用楊振寧真相 /
雷鳴著. -- 一版. -- 臺北市：
秀威資訊科技, 2007[民96]
面； 公分. --（史地傳記類；PC0027）

ISBN 978-986-6909-69-6（平裝）

1. 楊振寧 - 傳記 2.杜聿明 - 傳記 3.政治 - 中國

782.886 96008722

史地傳記類 PC0027

諾貝爾桂冠的魅力——國共爭用楊振寧真相

作　　者 / 雷鳴
發 行 人 / 宋政坤
執行編輯 / 林世玲
圖文排版 / 郭雅雯
封面設計 / 莊芯媚
數位轉譯 / 徐真玉　沈裕閔
圖書銷售 / 林怡君
網路服務 / 徐國晉
法律顧問 / 毛國樑　律師
出版印製 / 秀威資訊科技股份有限公司
台北市內湖區瑞光路583巷25號1樓
電話：02-2657-9211　　傳真：02-2657-9106
E-mail：service@showwe.com.tw
經 銷 商 / 紅螞蟻圖書有限公司
台北市內湖區舊宗路二段121巷28、32號4樓
電話：02-2795-3656　　傳真：02-2795-4100
http://www.e-redant.com

2007 年 5 月　BOD 一版
定價：220 元

讀　者　回　函　卡

感謝您購買本書，為提升服務品質，煩請填寫以下問卷，收到您的寶貴意見後，我們會仔細收藏記錄並回贈紀念品，謝謝！

1.您購買的書名：________________________

2.您從何得知本書的消息？

☐網路書店　☐部落格　☐資料庫搜尋　☐書訊　☐電子報　☐書店

☐平面媒體　☐ 朋友推薦　☐網站推薦　☐其他__________

3.您對本書的評價：(請填代號　1.非常滿意 2.滿意 3.尚可 4.再改進)

封面設計____　版面編排____　內容____　文/譯筆____　價格____

4.讀完書後您覺得：

☐很有收獲　☐有收獲　☐收獲不多　☐沒收獲

5.您會推薦本書給朋友嗎？

☐會　☐不會，為什麼？________________________________

6.其他寶貴的意見：________________________________

____

____

____

讀者基本資料

姓名：__________________　年齡：_____　性別：☐女　☐男

聯絡電話：_______________　E-mail：__________________

地址：____

學歷：☐高中(含)以下　☐高中　☐專科學校　☐大學

☐研究所(含)以上　☐其他______________

職業：☐製造業　☐金融業　☐資訊業　☐軍警　☐傳播業　☐自由業

☐服務業　☐公務員　☐教職　☐學生　☐其他__________

請貼
郵票

To：114

台北市內湖區瑞光路583巷25號1樓

秀威資訊科技股份有限公司　　收

寄件人姓名：

寄件人地址：□□□

(請沿線對摺寄回,謝謝!)